地方政府专项债券
项目策划及测算

杜彦峰
著

经济日报出版社

图书在版编目（CIP）数据

地方政府专项债券项目策划及测算 / 杜彦峰著. --
北京：经济日报出版社，2020.6（2024.11重印）
ISBN 978-7-5196-0679-4

Ⅰ. ①地… Ⅱ. ①杜… Ⅲ. ①地方政府-债券发行-研究-中国 Ⅳ. ①F812.7

中国版本图书馆 CIP 数据核字（2020）第 089932 号

地方政府专项债券项目策划及测算

作　　者	杜彦峰
责任编辑	周　播
责任校对	徐建华
出版发行	经济日报出版社
地　　址	北京市西城区白纸坊东街2号A座综合楼710（邮政编码：100054）
电　　话	010-63567684（总编室） 010-63584556（财经编辑部） 010-63567687（企业与企业家史编辑部） 010-63567683（经济与管理学术编辑部） 010-63538621　63567692（发行部）
网　　址	www.edpbook.com.cn
E-mail	edpbook@126.com
经　　销	全国新华书店
印　　刷	北京文昌阁彩色印刷有限责任公司
开　　本	710 mm×1000 mm　1/16
印　　张	11.5
字　　数	156千字
版　　次	2020年6月第1版
印　　次	2024年11月第5次印刷
书　　号	ISBN 978-7-5196-0679-4
定　　价	48.00元

序

社会经济发展和人民生活水平提高都需要大量的资金投入基础设施和公共事业建设和运营。为了筹集所需资金，除了采用 PPP 模式、项目融资等策略之外，发行政府专项债券是另一种有效途径。然而，如何发行和管理政府专项债券，不但是地方政府关心的问题，也是我们教学科研工作者的研究对象。

2017 年财政部就提出试点发展项目收益与融资自求平衡的地方政府专项债券品种。在十三届全国人大三次会议上，李克强总理在作政府工作报告时说，今年拟安排地方政府专项债券 3.75 万亿元。就在我思考怎样才能发行和管理如此庞大规模的专项债时，一位北京交通大学 FMBA 班毕业生杜彦峰送来了他的《地方政府自平衡专项债项目策划与测算》书稿，让我提意见。经过仔细阅读，感觉到杜彦峰不仅有良好的理论基础，而且能把工作中的经验教训总结提炼，汇编成一本通俗易懂的书。

该书从地方政府融资渠道讲起，贯穿国内外经济形势，分析了地方政府发行专项债券的范围及对近年发行规模的预测，并实例列举了土储、棚改、收费公路、教育、乡村振兴、医疗卫生、产业园区、水利工程等行业的发债情况，结合实际案例，重点介绍了行业的策划难点及重点，最后通过高速公路的案例，从策划到测算，配有大量的分析介绍。文章最后还对PPP和专项债的结合做了前瞻性的探讨，并且给出了可行的思路，有利于后期的工作开展。针对大家关心的怎么管理的问题，文章也给出了翔实的建议和意见。

通篇阅读该书，给我印象最深的是本书对项目的自平衡测算达到了非常专业的水准，能把现金流量表做到如此精细的程度，在常见的一些专业教材上也少见，体现了交大始终坚持“崇尚学术，追求真理，知行统一，以知促行”、“学理、应用并行注重”的精神。

有感而发，是以为序。

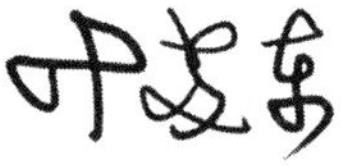

北京交通大学经济管理学院教授 博士生导师

2020年5月

前言

自2015年地方政府专项债券发行以来，社会各方对地方政府发债关注度随发债规模不断提高而提高，参与发债的主体也从一般传统的金融机构、会计师事务所扩大到一些工程咨询机构，虽然财政部陆续出台了一系列的政策文件指导，但专项债理论与实践的研究目前仍处于前期阶段，各地对专项债的管理仍在摸索，各参与主体对专项债的理论与实践指导需求明显，为满足各方的迫切需求，本人用时近半年，系统总结了理论与实践方面的经验，汇编成一本书，以期对普通读者有了解，对专业人员有帮助，为社会贡献自己绵薄之力。

在具体撰写或评审“一案两书”的过程中，深感地方政府、项目业主对专项债的难点、痛点非常关切，对财政部89号文的理解不深入、不透彻。由于地方政府专项债券的实施方案专业性很强，一些地方政府、项目业主、咨询机构经验不足，往往从以往的项目经验出发，按照市场惯例编制实施方案，没有结合项目的实际情况，测算依据不足、结论不可靠、申报成功率不高，经常导致发行延误，耽误项目的进度。

结合我们近年的研究和实践经验，本书前三章系统地介绍了地方政府地方政府专项债券的发行背景及近三年来发行情况，系统介绍了当前我国地方政府专项债券的发行规模，发行流程及国家政策鼓励的资金使用范围。第四章专门就自平衡专项债资金使用领域做了深入的分析，紧贴当前的热点如土储、棚改、教育、医疗、产业园区、收费公路、乡村振兴、供水污水等，结合我们做过的成熟案例，对案例的策划难点做了详细的介绍。第五章重点阐述了自平衡专项债的财务测算，以及满足什么样的条件才是合格的自平衡专项债，通过实例分析使读者更便于理解和操作。第六章就当下地方政府合法融资两大路径（PPP 和专项债）的结合使用做了前瞻性的分析，就可行的融合路径做了详细的探讨；第七章就全寿命周期下绩效管理的必要性、绩效设计等前沿问题抛砖引玉的介绍，并就全寿命周期管理存在的问题给出了意见及建议。

在本书编写过程中，中国财政科学研究院 PPP 研究所彭程所长对专项债的理论阐述给与了修改及完善、国家发展改革委政策体制研究室主任吴亚平老师对专项债和 PPP 的结合提出了具体的指导意见；同时云南大岳咨询公司吴成峰和中国政法大学 PPP 研究中心邹晓勇博士提供了部分案例，对文章结构、资料文献、测算方法等提出了许多宝贵的意见和建议，在此一并表示感谢！

目录 CONTENTS

第一章　地方政府债券简介

PART

01

第一节　地方政府投融资概况

（一）国内经济形势

2019 年上半年以来，中国宏观经济总体呈现弱企稳的特征，国内经济下行压力较大，国内生产总值 GDP 从一季度的同比增长 6.4% 至四季度增速小幅回落 6.1%；居民消费价格水平整体显著上升，2019 年下半年起，国内居民消费价格水平（CPI）中枢较 2018 年持续上升。月度 CPI 同比增速平均达到 2.90%，较上年提高 0.78 个百分点。以畜肉为代表的食品价格是物价上涨的主要因素；人民币总体呈贬值态势，截至 12 月底，美元兑人民币汇率为 7.01，人民币较年初贬值 1.85%；2019 年货币政策保持稳健中性，为经济高质量发展营造了适宜的货币金融环境，先后三次降低存款准备金率。

2020 年 1 月 17 日，国家统计局发布了 2019 年中国国民经济运行“成绩单”：初步核算，全年国内生产总值（GDP）990，865 亿元，按可比价格计算，比上年增长 6.1%，符合 6%—6.5% 的预期目标。这一结果主要是由于外部经济环境严峻，导致经济运行的不稳定、不确定性增多，在外部冲击下，国内经济运行中长期存在的深层次结构性矛盾凸显，再加上我国经济正处于转变发展方式、优化经济结构、转换增长动力的攻关期，内外因素叠加，造成 GDP 增速持续放缓。

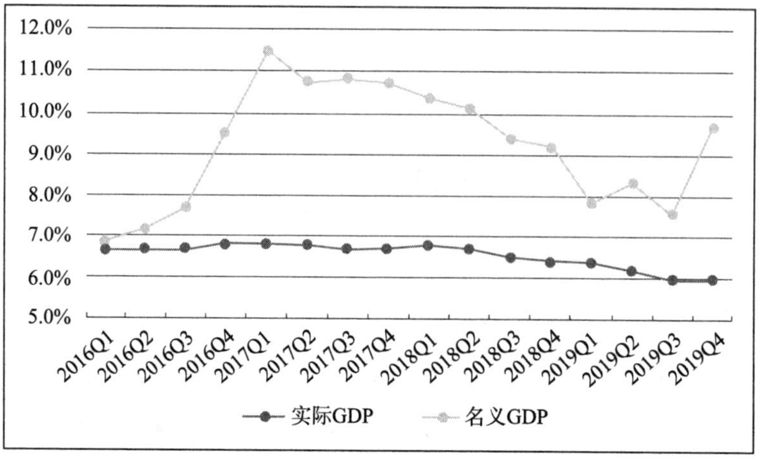

图 1–1　中国国内生产总值（GDP）同比增速

数据来源：国家统计局官网

2019 年 1 月下旬新冠疫情暴发，恰逢消费旺季的春节假期，这场突如其来的的疫情，无疑 2020 年中国经济的“黑天鹅”，全国多地因防疫的需要，相继出台了封城封村停工停学的措施来应对，特别是湖北省的措施，给中国经济带来了较大的不确定性。

2020 年 3 月 4 日，中央政治局常务委员会召开会议，明确指出，要加大公共卫生服务，应急物资保障领域投入，加快 5G、数据中心等新型基础设施建设，要充分调动民间投资积极性。这些与传统大基建不同，被统称为“新基建”。此前各地政府已累计推出数十万亿的投资计划，加起来累计有 50 万亿，如此庞大的投资，将极大的刺激经济振兴，提升产业基础，缩小与世界先进水平的差距，对高端产业在国际竞争中发挥积极的作用。

截至本书定稿时（4 月底），国内疫情才有明显好转的趋势，国外却相续进入爆发的高峰期，受输入性病例的影响，多国国际航线停飞，给进口物资和出口外贸带来困难。这次疫情，不但对国内经济造成较大的影响，也给世界经济的前景蒙上一层阴影，大部分经济学家认为，全球经济已经不可避免的进入下行通道，同时闭关锁国、提高关税等贸易战有所上升。

（二）地方政府融资渠道

目前，地方政府融资渠道较窄，合法途径有限，主流的融资方式有两大类：

1. 财政拨款

（1）本级财政拨款

（2）争取上级财政拨款

（3）结合有关项目建设向上级有关单位争取专项资金支持

（4）争取上级奖励补助资金或国家、省级试点单位支持

2. 债务性融资

地方政府的银行贷款和地方政府债券、政府性融资平台的银行贷款和公司债券、信托融资、融资租赁等。

（1）商业银行贷款

一般期限较短，利率高，银行放款条件限制多，还须提供各种形式的抵押担保或承诺函，还款越来越刚性，每年的利息和本金成了较大的负担。

（2）主权融资

主权融资是一个主权国家对外的债务，借用国外贷款的项目必须纳入国外贷款备选项目规划。主要是利用外国政府或国际金融机构如世界银行、亚洲开发银行、金砖国家开发银行（新开发银行）、亚投行以及国际金融组织和外国政府贷款等提供的多边贷款。一般是针对特定项目，优势是贷款利率低，期限长，但审核项目过程非常严格，等待时间较长，一般采用标准版的 FIDIC 合同。

借用国外贷款的项目必须纳入国外贷款备选项目规划，世界银行、亚洲开发银行贷款、亚投行以及国际金融组织和外国政府贷款等备选项目规划由国家发展改革委提出，商财政部后报国务院批准。

（3）地方政府债券

这里主要是指地方政府城投债券和地方政府专项债券，受国家隐性债

务风险管理的需要，大批承担政府融资功能的平台公司相继与政府脱钩，不再承担政府融资功能，走市场化道路，实现自负盈亏。

2015年4月2日，财政部以财库〔2015〕83号印发《地方政府专项债券发行管理暂行办法》。地方政府专项债券（以下简称专项债券）是指省、自治区、直辖市政府（含经省级政府批准自办债券发行的计划单列市政府）为有一定收益的公益性项目发行的、约定一定期限内以公益性项目对应的政府性基金或专项收入还本付息的政府债券。

为限制地方债务膨胀，化解赤字，可以预测财政部2020年及以后力推自平衡专项债，强调闭环管理实现自收自还。

（4）资源互补性融资

地方政府手里掌握着大量的资产和公共资源，比如土地、森林、矿产等，一般分有形资产（主要指土地）和无形资产（各种特许经营权）两类，有形的采用招拍挂等方式与项目融资绑定，无形的用拍卖特许经营权实现快速融资。

（5）PPP融资

PPP（Public Private Partnership），即公共部门与私人企业合作模式，是公共基础设施的一种项目融资模式。在我国财政部指导意见中就明确私人关系可以是私人企业也可以是国有资本企业，简单地说，就是采用政府和社会资本合作的方式（PPP），共同成立一家SPV公司，政府出很少的资本金，利用杠杆撬动数十倍的资金来完成项目的建设、运营，政府每年支付一定的费用（补贴）来维持SPV的正常运营。

财政部113号文规定了几种常用的模式：BOT、BOO、TOT、LOT等。自2016年国家引入PPP模式以来，经过4年建设发展，现在PPP项目遍地开花、硕果累累，很大程度上缓解了地方政府的融资压力，解决了部分发展中的问题。

（6）其他

其它除了前面介绍的 9 种融资渠道外，还有 REITs（不动产投资信托基金）ABS、国企资本改革套现、接受外国政府或私人捐赠的等等。

2020 年 4 月 20 日，中国证监会、国家发展改革委《关于推进基础设施领域不动产投资信托基金（REITs）试点相关工作的通知》（证监发【2020】40 号）中指出，要推动国家重大战略实施，服务实体经济，支持重点领域符合国家政策导向、社会效益良好、投资收益率稳定且运营管理水平较好的项目开展基础设施 REITs 试点。此举标志着地方政府存量资产又多了一条融资渠道。不可否认的是，REITs、ABS 等公开上市交易的产品会越来越多，是 PPP、专项债、特许经营等传统融资方式的有益补充。

（三）地方政府债券发展历史

1. 萌芽阶段

20 世纪 80 年代末至 90 年代初，改革开放的春风席卷大江南北，“要想富先修路”成了许多地方政府的首要任务。由于资金来源匮乏，许多地方政府为了筹集资金修路建桥，都曾经发行过地方债券。有的甚至是无息的，以支援国家建设的名义摊派给各单位，更有甚者就直接充当部分工资，一时间各种不理解的声音到处传播，到了 1993 年，这一无原则摊派行为被国务院制止，原因乃是对地方政府承付的兑现能力有所怀疑。1995 年 1 月 1 日施行的《中华人民共和国预算法》第 28 条，明确规定“除法律和国务院另有规定外，地方政府不得发行地方政府债券”。这等于把地方政府变相融资的前门彻底封死了。

1998 年东南亚金融危机爆发，为积极应对危机，支持地方经济建设，财政部开启宽松货币政策，从 1998 年后将新增国债资金转贷地方，由地方政府还本付息，不列入中央预算，也不作财政赤字处理。2006 年起，中央政府转向稳健性财政政策，不再把国债资金转贷给地方政府，时间跨度从 1998 年到 2008 年。

2. 试点阶段

《2009年地方政府债券预算管理办法》(财预［2009］21号)明确给出地方政府债券定义，是指“经国务院批准同意，以省、自治区、直辖市和计划单列市政府为发行和偿还主体，由财政部代理发行并代办还本付息和支付发行费的债券”为应对2009年国际金融危机，缓解财政收支压力，经国务院批准开始由财政部每年代理发行2000亿元地方政府债券，统发模式及纳入地方预算管理克服了以往转贷的弊端。

2011年10月，财政部发布《2011年地方政府自行发债试点办法》(财库〔2011〕141号)，批准上海市、浙江省、广东省、深圳市试点自行发债。2013年6月，财政部发布《2013年地方政府自行发债试点办法》(财库〔2013〕77号)，自行发债试点范围扩大，增加江苏省和山东省。

为建立规范的地方政府举债融资机制，加强对2014年地方政府债券自发自还试点地区的指导，规范试点地区发债偿债等行为，2014年5月，财政部印发《2014年地方政府债券自发自还试点办法》(财库〔2014〕57号)，上海、浙江、广东、深圳、江苏、山东、北京、江西、宁夏、青岛试点地方政府债券自发自还，自发自还是指试点地区在国务院批准的发债规模限额内，自行组织本地区政府债券发行、支付利息和偿还本金的机制。141号文、77号文、57号文的相继发布，不断扩大试点范围，表明中央政府已做好全面放开的准备，让地方政府全程参与自我管理。试点由财政部代办还本付息，享有国家隐性担保，地方政府违约风险权重为零，可以忽略不计。

3. 规范管理阶段

2015年1月1日，新《预算法》正式实施，地方政府债务的规范管理进入了新的阶段。亮点之一是允许政府直接发行债券，地方政府不能再通过地方政府融资平台或企业渠道举债。2015年3月12日和4月7日，财政部分别发布了《地方政府一般债券发行管理暂行办法》财库〔2015〕64

号和《地方政府专项债券发行管理暂行办法》（财库〔2015〕83号），自此财政部把地方政府的债券发行分为两部分，一是一般债券，地方政府一般债券（以下简称一般债）是为没有收益的公益性项目发行的、约定一定期限内主要以一般公共预算收入还本付息的政府债券。二是专项债券，地方政府专项债券（以下简称“专项债”）是指为有一定收益的公益性项目发行的、约定一定期限内以公益性项目对应的政府性基金或专项收入还本付息的政府债券。

随着2014年新预算法和43号文的颁布，地方政府债务从2015年开始进入了一个全新的规范阶段，不但发债的规模迅速增加，债券的使用范围也不断扩大。《关于做好2018年地方政府债券发行工作的意见》（财库［2018］61号）、《关于试点发展项目收益与融资自求平衡的地方政府专项债券品种的通知》（财预【2017】89号）在强化地方政府债券发行市场化，推动投资者多元化，提升流动性、合理设置债券期限结构，优先支持国家重大项目，突破债务资金不能做资本金的界限等都做出了详细部署，特别提到第三方机构评估、律所意见、会计所评估意见等，都是防范地方政府违法盲目举债，切实保护投资者利益的重大措施。

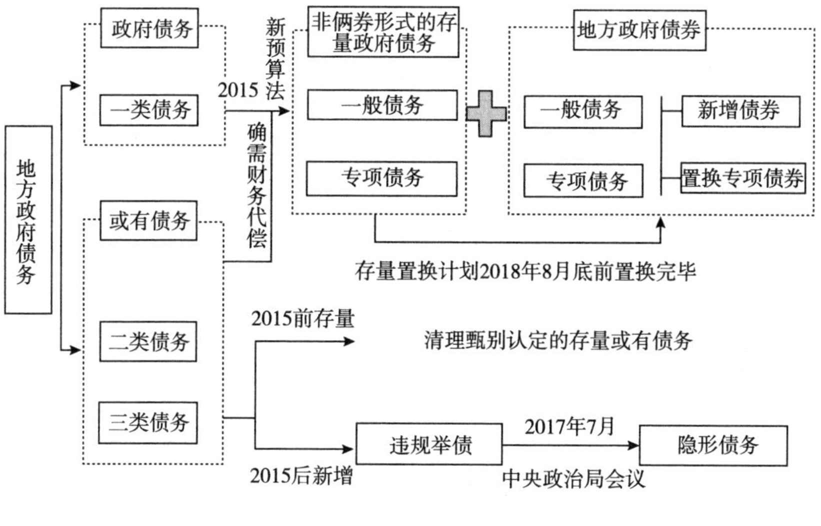

图1-2　地方政府性债务划分

4. 地方政府债券分类

《关于加强地方政府性债务管理的意见》(国发［2014］43号)建立规范的地方政府举债融资机制，同时进一步明确，对没有收益的公益性项目发行一般债券融资，主要依靠一般公共预算收入偿还，纳入一般公共预算管理；对有一定收益的公益性项目发行专项债券融资，以对应的政府性基金收入或专项收入偿还，纳入政府性基金预算管理。

财政部64号文及83号文对地方政府债券做了区分，对有一般收益的公共基础设施对应一般性政府债券；对有经营性收益的项目要强调资金跟项目，自我平衡，即业内俗称的“专项债”。

2015年–2020年将是我国地方债发行的高峰期，地方政府基础设施融资方式也将发生重大变化，主要表现在三个方面：一是有一定收益的公益性项目将通过地方政府专项债券、PPP、特许经营等方式解决；二是经营性项目主要通过普通企业债券、资产证券化产品等方式解决；三是无收益的公益性项目将主要通过地方政府一般债券解决。

(1)一般性政府债券

2015年3月12日财政部发布了《地方政府一般债券发行管理暂行办法》(财库〔2015〕64号)暂行办法，明确提出一般地方政府债券用于交通、通讯、住宅、教育、医院和污水处理系统等地方性公共设施的建设。地方政府债券一般也是以当地政府的税收能力作为还本付息的担保。

《国务院关于加强地方政府性债务管理的意见》进一步明确，对没有收益的公益性项目发行一般债券融资，主要依靠一般公共预算收入偿还，纳入一般公共预算管理；对有一定收益的公益性项目发行专项债券融资，以对应的政府性基金收入或专项收入偿还，纳入政府性基金预算管理。

(2)专项债券

2015年4月7日，财政部分别发布了《地方政府专项债券发行管理暂行办法》(财库〔2015〕83号)，对专项债券做了明确的解释。地方政府专项债券(以下简称专项债券)是指省、自治区、直辖市政府(含经省级政府批准自办债券发行的计划单列市政府）为有一定收益的公益性项目发行的、约定一定期限内以公益性项目对应的政府性基金或专项收入还本付息的政府债券。专项债券由各地按照市场化原则自发自还，遵循公开、公平、公正的原则，发行和偿还主体为地方政府。

有一定收益的公益性事业，用专项收入或对应的政府性基金偿还。目前专项债券有土地储备专项债、棚改专项债、收费公路专项债，另外地方性的有轨道交通专项债、高等学校专项债。

2020 年提前批次的申报，财政部暂停了土地存储及棚户区改造的申报，重点转向国家重点工程，各地要依法用于公益性资本支出，重点支持国家重大战略，落实易地扶贫搬迁、贫困地区基础设施、污染防治、环境治理等，推进重大铁路项目、高速公路、重大水利工程、乡村振兴、生态环保、城镇基础设施、农村基础设施等方面公益性基础设施建设。

第二节　自平衡专项债券

什么是业内俗称的“自平衡专项债”？正式的名字出现在财政部《关于试点发展项目收益与融资自求平衡的地方政府专项债券品种的通知》（财预［2017］89 号）通知中，发行项目收益专项债券筹集资金建设的项目，应当能够产生持续稳定、反映为政府性基金收入或专项收入的现金流，且现金流应当能够覆盖专项债券还本付息。也就是说，通知的标题就已经强调了，项目的收益与融资要自求平衡。收益与融资自求平衡专项债以下简称“自平衡专项债”。虽然 89 号文没有对自平衡专项债做出明确的定义，但严格限定了项目的使用范围。

2018 年 7 月 12 日陕西省财政厅关于印发《陕西省地方政府项目收益与融资自求平衡专项债券管理暂行办法》的通知（陕财办预〔2018〕11 号），对地方政府专项债券做了明确的定义：地方政府项目收益与融资自求平衡专项债券，是指地方政府为特定项目发行的、以特定项目建成后营运收益或专项收入作为偿债资金来源的专项债券。

近年来财政部研究推动完善地方政府专项债券管理，积极推行分类管理，着力发展“项目收益和融资自求平衡的专项债券”。随着财预〔2017〕62号与财预〔2017〕97号提出了“土地储备专项债”和“收费公路专项债”，同时财预〔2017〕89号文则提出“由各省选择符合本省特点的项目、自行开展的试点。地方政府可以按照本地区政府性基金收入项目分类，创新项目收益专项债券品种”给予了地方政府创新专项债券品种提供了政策条件。财预〔2018〕28号提出了“棚户区改造专项债券”给地方政府如何有效设立收益专项债券品种提供了指导意见。

在法定专项债务限额内，优先选择土地储备、政府收费公路两个领域试点发行，并鼓励有条件的地方立足本地区实际，探索在有一定收益的公益性事业领域分类发行专项债券，有利于依法开好地方政府规范举债的“前门”，保障重点领域合理融资需求，加大补短板力度。同时，也有利于深化财政与金融互动，引导社会资本加大投入，更好地发挥专项债券促进经济社会持续健康发展的积极作用。

此次试点发行项目收益专项债券，明确了不同专项债券对应项目的偿债资金来源，探索实现不同类型地方政府专项债券“封闭”运行管理，有利于锁定风险范围，切实保护投资者合法权益。

此外，试点发行项目收益专项债券，有利于丰富地方政府债券品种，提高专项债券流动性和市场化程度，吸引更多社会资本投资地方政府债券，发展和完善我国地方政府债券市场。

既然是自平衡专项债券，特点是要有经营性收入的，应当能够产生持续稳定、反映为政府性基金收入或专项收入的现金流，且现金流应当能够覆盖专项债券还本付息。经营性项目例如供水、供热、发电、高速公路、收费公路、地铁、高速铁路等。

43号文将地方政府债券分为两类，一是一般债券，二是专项债券。89号文要求自平衡专项债要自我平衡，自我造血，内部循环，闭环管理。自平衡专项债券的特点：

一是项目的限制，自平衡专项债针对的是具体的经营性项目，不是任何公益项目都能发行自平衡专项债券。

二是特别强调有经营性收入的项目才可以，并且应当能够产生持续稳定、反映为政府性基金收入或专项收入的现金流，且现金流应当能够覆盖专项债券还本付息。

三是必须编制《专项债券实施方案》、会计师事务所独立出具的《专项债券评估报告》、律师事务所独立出具的《专项债券法律意见书》，发行时还需要第三方评估机构做信用评估。

四是信息公开。分类发行地方政府应当及时披露项目收益专项债券及其项目信息，财政部门应当在门户网站等及时披露专项债券对应的项目概况、项目预期收益和融资平衡方案、专项债券规模和期限、发行计划安排、还本付息等信息，以及项目进度、专项债券资金使用情况等信息，接受公众的监督和检验。也就是说，地方政府发行的自平衡专项债，融资和收益能否平衡，以后要交由市场说了算，投资人说了算，并不是自圆其说就能发行，否则没有投资人愿意购买的。

五是闭环管理。项目收益专项债券对应的项目取得的政府性基金或专项收入，应当按照项目对应的专项债券余额统筹安排资金，专门用于偿还到期债券本金，不得通过其他项目对应的项目收益偿还到期债券本金。不能偿还到期债券本金时，可在专项债务限额内发行相关专项债券周转偿还，项目收入实现后予以归还。

地方政府债券分一般债券和专项债券，由于专项债券发行需要准备文件多，涉及财务测算、法律意见、会计所评估等专业知识，本文将对近年来快速发展的地方政府项目收益专项债券进行分析。需要说明的是，尽管财政部对土储项目、棚改项目和收费公路项目进行了单独的文件管理，但从其性质来看，仍属于项目收益类专项债券，也一并纳入本文讨论范围。

第三节　专项债发行规模预测

过去五年间专项债（新增）发行规模呈现快速增加的态势：专项债于2015年首度发行，当年发行1000亿元。2016年、2017年，其发行量分别扩张到4,000亿元、8,000亿元，2018年首度超过1万亿元，2019年扩张到2.15万亿元。专项债的核心任务依然是带动有效投资支持补短板扩内需，形成对经济的有效拉动，促进经济运行在合理区间。

2018年，全国发行方，政府债券41,652亿元。其中，发行一般债券22,192亿元，发行专项债券19,460亿元。按用途划分，发行新增债券21,705亿元，占当年新增债务限额的99.6%，发行置换债券和再融资债券19,947亿元。

专项债务限额从2015年的1000亿元到2019年的21,500亿元，2020年专项债预计额度3.35万亿元，五年间新增专项债发行规模快速增加。截至2019年8月末，各地已安排使用新增专项债券15,902亿元，约占同期已发行新增专项债券的80%。存量项目收益专项债券共1,178只，规模3.14万亿元，项目类型包括土地储备、棚户区改造、收费公路、轨道交通、生态环保、教育、医疗、乡村振兴等14类，以土地储备和棚户区改造项目为主。已安排使用的新增专项债券资金中，用于铁路、公路等交通基础设施1,579亿元，占9.9%；用于市政建设1,186亿元，占7.5%；用于棚改等保障性住房建设6,238亿元，占39.2%；用于科教文卫等民生领域526亿元，占3.3%；用于农林水利263亿元，占1.7%。2020年专项债不得用于棚改、土储。以前土储、棚改占三分之二，现在的拉动经济作用更强。

随着发债项目的增多，地方政府发行经验也跟着增多，各地创新性品种不断涌现。财政部两次提前下达今年新增专项债限额：2019年11月，提前下达2020年部分新增专项债务限额1万亿元；2020年2月，提前下达2020年新增地方政府债务限额8,480亿元，其中专项债务限额2,900亿元。两次总共下达专项债12,900亿元。项目收益类专项债发行规模的高速增长标志着我国地方债发行的主力已经由一般债券转向专项债券，其中项目收益类专项债做出了较大贡献。

2019 年第四季度国债会议上财政部国库司司长王小龙在会上提出，在大规模减税降费、财政收入增幅趋缓的背景下，政府债券筹资要发挥更大作用，明年国债、地方债券发行将仍然维持较大规模。2019 年 11 月财政部下达了 2020 年提前批次专项债券的发行额度 1.29 万亿元，截至 2020 年 1 月 10 日相关发行任务已圆满完成，由此可见地方政府债券发行是年年攀高，对基建的刺激拉动经济的作用越来越大。

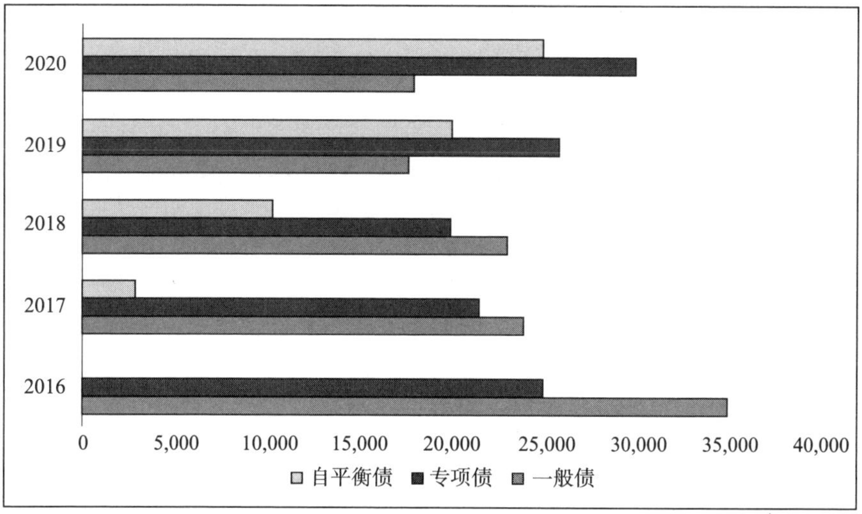

图 1–3　债券发行规模

备注：数据来源 wind、财政部官网，2020 年发行规模为预测值。

2020 年突如其来的新冠疫情，对我国经济社会发展带来前所未有的影响。当前经济发展面临的挑战前所未有，在全球疫情急剧恶化的新形势下，国内不可能独善其身，人员和货物流动受阻、订单下滑严重、供应链中断、全球壁垒丛生，经济全球化被各种无形的高墙阻断，我们面临的经济形势确实是“世所罕见、前所未有”，同时政策的腾挪空间已十分有限。我们预计专项债发行规模将从 2019 年的 2.15 万亿元，扩大至 2020 年的3.8万亿元左右。

第四节　相关政策文件

从1995年《中华人民共和国预算法》规定不许地方政府发债开始，到2020年的提前批次1.29万亿元超额完成发行工作，地方政府债券历时25年经历了“不得—财政部转贷—小范围试点（自发自还）—扩大试点—区分对待（一般和专项）—鼓励自平衡专项债”等一系列的转变，财政政策积极地调整，一方面是中国经济不断适应国情，融入世界经济的缩影，一方面也是支持中央重大决策部署、具有较大示范带动效应的重大项目、国家重点战略，比如国家重点支持的铁路、国家高速公路和支持推进国家重大战略的地方高速公路、供电、供气项目等。

2017年正式启动自平衡专项债以来，对此类债券的监管政策也不断出台，这一时期的监管文件主要是治理地方政府和地方融资平台违规融资，清查隐形债务等措施保持步调一致，有影响力的文件是对土地储备、收费公路出具了单独的管理文件，可见对新增债务的风险防控非常重视。

2018年，监管层的重点仍然是地方政府的债务管理。密集发文的背后是，严格规范地方政府举债行为，严控地方政府债务增量，终身问责、倒查责任。同时，严格规范地方政府举债行为，积极稳妥化解累积的债务风险，各地要落实属地责任，堵住“后门”，坚决遏制违法违规举债。积极稳妥化解累积的债务风险，堵住后门的同时，对棚户区改造发行债券进行规范，同时，34号文也再次强调，鼓励各地方政府结合自身债务限额，合理选择重点项目进行项目收益与融资自求平衡的专项债券发行。

2019年以来，随着项目收益类专项债发行的日趋成熟和宏观经济形势下行带来的基建投资低迷状况，中央层面开始考虑进一步发挥专项债的稳增长托底作用，加大力度支持基础设施建设发展。政策方面有影响力的是首次提到允许将专项债券作为符合条件的重大项目资本金，主要是国家重点支持的铁路、国家高速公路和支持推进国家重大战略的地方高速公路、供电、供气项目等。

2019 年 9 月 4 日，国务院常务会议在讨论提前下达 2020 年专项债部分新增额度时，特地强调对于这部分提前下达的额度，禁止用于土地储备项目、房地产相关领域项目、置换债务和可以完全商业化运作的项目。尽管这是对 2019 年内提前使用 2020 年新增专项债券额度的限制，但不难看出监管层希望对当前土储专项债和棚改专项债发行规模过大，挤占其他公益性项目融资空间的现状进行一定调整。

表 1–1　专项债相关政策文件汇编

发布时间	政策名称	政策主要内容
1995 年 1 月	《中华人民共和国预算法》	明确规定“除法律和国务院另有规定外，地方政府不得发行地方政府债券”。
2009 年 3 月	《2009 年地方政府债券预算管理办法》（财预【2009】21 号）	首次提出地方政府债券收入全额纳入省级财政预算管理，地方政府债券收入安排的支出纳入地方各级财政预算管理。
2011 年 10 月	《2011 年地方政府自行发债试点办法》（财库【2011】141 号）	批准上海市、浙江省、广东省、深圳市试点自行发债。
2013 年 6 月	《2013 年地方政府自行发债试点办法》（财库【2013】77 号）	自行发债试点范围扩大，增加江苏省和山东省。
2014 年 5 月	《2014 年地方政府债券自发自还试点办法》的通知（财库【2014】57 号）	为建立规范的地方政府举债融资机制，加强对 2014 年地方政府债券自发自还试点地区的指导，规范试点地区发债偿债等行为。
2014 年 10 月	《国务院关于加强地方政府性债务管理的意见》（国发【2014】43 号）	国家层面首次赋予地方政府依法适度举债融资权限，加快建立规范的地方政府举债融资机制。同时，坚决制止地方政府违法违规举债。
2015 年 3 月	《关于 2015 年地方政府专项债券预算管理办法》的通知（财预【2015】32号）	财政部明确了专项债券的基本形式，预算管理、发行方式。
2015 年 4 月	《地方政府专项债券发行管理暂行办法》的通知（财库【2015】82 号）	财政部明确了专项债券的基本形式，预算管理、发行方式。
2015 年 12 月	《关于对地方政府债务实行限额管理的实施意见》（财预【2015】225 号）	对地方政府债务实行限额管理，建立健全地方政府债务风险管控机制，依法妥善处置或有债务。

续表

发布时间	政策名称	政策主要内容
2016 年 1 月	《关于做好 2016 年地方政府债券发行工作的通知》（财库【2016】22 号）	对债券发行实施限额管理，扩大地方债置换范围，合理把控发行节奏，重视信用评级、完善信息披露。
2016 年 3 月	中华人民共和国国民经济和社会发展第十三个五年规划纲要	经济保持中高速增长，到 2020 年国内生产总值和城乡居民人均收入比 2010 年翻一番；消费对经济增长贡献将继续加大，投资效率和企业效率明显上升。
2016 年 11 月	《关于印发地方政府性债务风险应急处置预案的通知》（国办函【2016】88 号）	重申地方政府债务口径，明确各类政府性债务分类处置原则，再次强调中央不救助，必要时实行财政重整，严格责任追究机制。
2016 年 11 月	《关于印发 < 地方政府性债务风险分类处置指南 > 的通知》（财预【2016】152 号）	提出各类政府性债务分类处置措施，明确地方政府偿债责任，实现债权人、债务人依法分担债务风险。
2016 年 11 月	《地方政府一般债务预算管理办法》（财预【2016】154 号）	地方政府债务“借、用、还”全面纳入预算管理；一般债务和专项债务分类纳入预算管理。
2016 年 11 月	《地方政府专项债务预算管理办法》（财预【2016】155 号）	非政府债券形式存量债务在规定期限内不同意置换，则不再计入地方政府债务。
2016 年 12 月	《关于印发 < 财政部驻各地财政监察专员办事处实施地方政府债务监督暂行办法 > 的通知》（财预【2016】175 号）	实施财政部专员办对所在地方政府债务限额管理、预算管理、风险预警、应急处置，以及地方政府和融资平台公司融资行为等的日常监督，并将监督意见报送财政部。
2017 年 2 月	《关于做好 2017 年地方政府债券发行工作的通知》（财库【2017】59 号）	合理制定债券发行计划，均衡债券发行节奏；不断提高地方债发行市场化水平；进一步促进投资主体多元化，改善二级市场流动性。
2017 年 5 月	《关于进一步规范地方政府举债融资行为的通知》（财预【2017】50 号）	从清理整改地方政府违规担保、强化城投企业融资管理、规范 PPP 运作模式、健全地方政府融资机制、六个方面规范地方政府举债融资行为。
2017 年 6 月	《地方政府土地储备专项债券管理办法（试行）》（财预【2017】62 号）	建立专项债券与土地储备资产及预期收入对应的债务保障机制和与之配套的债务周转机制，遏制地方政府和融资平台。
2017 年 6 月	《地方政府收费公路专项债券管理办法（试行）》（财政部及交通运输部财预【2017】97 号）	发行收费公路专项债券的政府收费公路项目应当有稳定的预期偿债资金来源，对应的政府性基金收入应当能够保障偿还债券本金和利息，实现项目收益和融资自求平衡。

续表

发布时间	政策名称	政策主要内容
2017年8月	《关于试点发展项目收益与融资自求平衡的地方政府专项债券品种的通知》（财预【2017】89号）	首次明确地方债的限额管理，分类发行专项债券建设的项目，应当能够产生持续稳定的反映为政府性基金收入或专项收入的现金流收入，且现金流收入应当能够完全覆盖专项债券还本付息的规模。
2017年8月	《社会领域产业专项债券发行指引》（发改办财金规【2017】1341号）	将社会领域产业专项债券列为适用范围和支持重点，募集资金主要用于社会领域产业经营性项目建设。
2018年3月	《试点发行地方政府棚户区改造专项债券管理办法》（财政部、住房城乡建设部）（财预【2018】28号）	在棚户区改造领域开展试点，有序推进试点发行地方政府棚户区改造专项债券工作，探索建立棚户区改造专项债券与项目资产、收益相对应的制度，发挥政府规范适度举债改善群众住房条件的积极作用。
2018年8月	《关于做好地方政府专项债券发行工作的意见》（财库【2018】72号）	财政部不再限制专项债券期限比例结构，各地应当根据项目建设、债券市场需求等合理确定专项债券期限。
2018年10月	《中华人民共和国预算法（2018修正）》（中华人民共和国主席令第二十二号）	修正版是对2014修订版的补充完善，明确了预算管理的分级权限及预算包括的明细。
2019年4月	《关于做好地方政府债券发行工作的意见》（财库【2019】23号）	对于专项债券，地方财政部门应当根据项目实际情况，综合考虑项目期限、投资者需求、债务年度分布等因素，科学确定发行期限，逐步提高长期债券发行占比，更好匹配项目资金需求和期限。
2019年6月	《关于做好地方政府专项债券发行及项目配套融资工作的通知》	对有一定收益且收益全部属于政府性基金收入的重大项目，由地方政府发行专项债券融资，允许将专项债券作为符合条件的重大项目资本金。
2019年9月	国务院常务会议决定提前下达2020年部分专项债额度	会议明确提出三项要求和四个禁止。其中，棚改、土地储备、房地产和可完全商业化运作的项目被禁止用于发行本批次专项债券。
2019年9月	国务院发布了《关于印发实施更大规模减税降费后调整中央与地方收入划分改革推进方案的通知》	适时调整完善地方税制，将部分条件成熟的中央税种作为地方收入。增加地方政府收入，偿债能力将增加。

PART 02

第二章　专项债券的发行

第一节　实施范围

项目收益类专项债券全称为项目收益与融资自求平衡的专项债券，其偿债资金来源主要来自项目建设完成后运营产生的专项收入。本文将对近年来快速发展的地方政府项目收益专项债券进行分析。需要说明的是，尽管财政部对土储项目、棚改项目和收费公路项目有单独的文件管理，但从其经营属性来看，仍属于项目收益类专项债券，在此也纳入本文讨论的范围。

89 号文提出要持续加强政府性债务管理，做好申报项目的收益与融资平衡测算分析，严禁因收益与融资自求平衡专项债券而增加政府隐性债务，严禁通过地方政府债券外的其他任何方式违法违规举借政府债务，要量力而行，合理举债规模，严防系统性区域性政府债务风险。

《关于做好 2018 年地方政府债务管理工作的通知》（财预〔2018〕34 号）中提出，优先在重大区域发展以及乡村振兴、生态环保、保障性住房、公立医院、公立高校、交通、水利、市政基础设施等领域选择符合条件的项目，积极探索试点发行项目收益专项债券。

《关于做好地方政府专项债券发行及项目配套融资工作的通知》（厅字〔2019〕33 号）要求，重点支持重大战略和乡村振兴战略，以及推进棚户区改造等保障性安居工程、易地扶贫搬迁后续扶持、自然灾害防治体系建设、铁路、收费公路、机场、水利工程、生态环保、医疗健康、水电气热等公用事业、城镇基础设施、农业农村基础设施等领域以及其他纳入“十三五”规划符合条件的重大项目建设。对于专项债券支持、符合中央重大决策部署、具有较大示范带动效应的重大项目，主要是国家重点支持的铁路、国家高速公路和支持推进国家重大战略的地方高速公路、供电、供气项目。

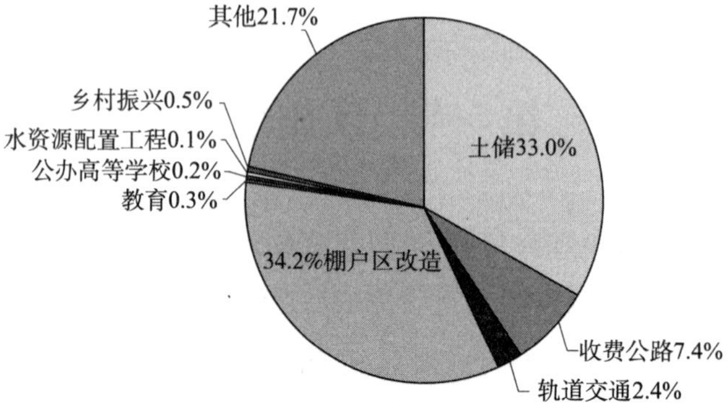

图 2-1　2019 年专项债投入范围分类

数据来源：WIND、财政部官网

专项债本质上是政府的显性债务，是需要按期还本付息的。应该优先选择发展前景好、融资需求迫切、收益能够全面覆盖融资还本付息的项目，申报具有行业特色的专项债券。依据上述两份重量级的文件，结合已经发行的专项债项目，我们总结了目前可以策划申请发行专项债的项目，供读者参考。

1. 园区建设专项债

用途：用于园区的基础设施建设，如场地平整、园区道路、标准化厂房建设等。

收入来源：土地出让收入、建设指标流转收入、厂房租售、园区的服务性收入等。

2. 工业园区专项债

用途：工业园区的定向建设，如园区起步区建设、城镇综合体建设、铁路专用线建设、专用码头建设、创业发展服务平台建设、工业园区基础设施建设等。

收入来源：土地出让收入、供水排水收入、码头及铁路运输收入、工业及办公用房出租收入、仓库及公寓出租收入、停车及加油收入等。

3. 产业园区专项债

用途：园区的土地整理、环境整治、管网绿化、仓库物流、厂房建设等。

收入来源：土地出让收入、管网运维收入、物流收入、厂房租售收入等。

4. 生态保护专项债

用途：园区及周边的环境整治、截污管网、污水处理设施、固废处理设施的建设等。

收入来源：场地修复收入、供排水收入、固废处理收入等

5. 城乡发展专项债

用途：用于园区及周边村镇的道路建设、基础设施建设、农村人居环境整治等。

收入来源：土地开发收益、园区广告经营收入、村镇的供排水、垃圾处理收入等。

6. 医疗卫生专项债

用途：用于园区及新城地区的医疗设施建设和扩改建等。

收入来源：医疗服务收入等。

7. 流域治理专项债

用途：用于园区水域周边的环境治理、基础设施建设、土壤修复、供排水设施建设、管网建设等。

收入来源：土地出让收入、供排水运维收入、建设用地指标流转收入等。

8. 教育专项债

用途：高等教育学校、职业技术学校、普通中学、公办幼儿园等学校的基础设施（教学楼、图书馆、实验室）建设、学生宿舍建设、运动场馆建设等。

收入来源：教育收入、学生宿舍收入、校企合作收入、食堂收入、体

育场馆运营收入等。

9. 文旅专项债

用途：文化中心、旅游基础设施、旅游道路、环境整治等。

收入来源：土地增值收入、旅游设施运维收入、广告及商业收入等。

10. 机场专项债

用途：土地整理、机场及配套设施的建设、配套公路的建设、配套产业园区的建设等。

收入来源：土地出让收入、起降费、旅客服务费、安检费、地面服务费、机场进近指挥费收入、停车费收入、产业园区的厂房租售收入、园区运维收入等。

11. 引进人才综合体专项债

用途：用于园区的人才公寓、科研办公设施、幼儿园等生活配套设施等。

收入来源：土地出让收入、公寓租金、办公楼租金、幼儿园运营收入、停车收入、物业管理费收入等。

12. 园区改造专项债

用途：园区基础设施提质改造、节能改造、污水处理提标、新建废弃物处理中心等。

收入来源：土地出让收入、污水处理收入、节能改造运维收入、工业废弃物处理收入等。

13. 土地储备专项债券

用途：片区土地整理、征收。

收入来源：土地出让收入、国有土地收益基金收入。

14. 地下综合管廊专项债

用途：园区内地下综合管廊的建设。

收入来源：管廊运维收入，入廊费等。

15. 停车设施专项债

用途：园区内公共停车场的建设及运维等。

收入来源：停车费收入、广告收入等。

16. 循环经济专项债

用途：园区内基础设施、供排水设施、固废处理设施、垃圾资源化、建筑垃圾综合处理等。

收入来源：土地出让收入、供排水收入、固废处理收入、建筑垃圾处理收入、垃圾资源化收入、建筑垃圾再生品收入等。

17. 高铁专项债

用途：高铁场站的建设、高铁园区的土地平整及基础设施建设、配套交通项目建设等。

收入来源：场站的商业收入、土地收入、园区服务收入、交通项目收入等。

18. 轨道交通专项债

用途：征地拆迁、园区配套的轨道交通线路建设、车辆购置、场站建设等。

收入来源：车票收入、商业收入、沿线土地收益等。

19. 物流设施专项债

用途：物流仓库、冷链物流设施、物流配套设施建设等。

收入来源：仓库出租收入、物流设施运维收入、商业收入等。

20. 能源专项债

用途：天然气的管网、储气设施的建设等。

收入来源：天然气运输收入、仓储收入等。

21. 乡村振兴专项债

用途：高标准农田建设、旱地改造、高效农业、田园综合体建设等。

收入来源：土地增减指标调剂、产能增收等。

22. 棚改专项债

用途：城镇棚户区（含城中村、城市危房）、国有工矿（含煤矿）棚户区、国有林区（场）棚户区和危旧房、国有垦区危房改造项目建设等。

收入来源：土地使用权出让收入、专项收入偿还的地方政府专项债券等。

23. 其他专项债

《关于做好2018年地方政府债务管理工作的通知》（财预〔2018〕34号）及《关于做好地方政府专项债券发行及项目配套融资工作的通知》（厅字〔2019〕33号）都提到了积极探索试点选择符合条件的项目发行项目收益专项债券，对于没有或收益较低的由政府负有供给义务的民生项目，因达不到自平衡要求，目前不能发行专项债券，不排除以后有政策放宽的可能性，扩大专项债使用范围。

值得说明的是，2020年提前批次的申报，财政部暂停了土地存储及棚户区改造的申报，重点转向国家重点工程，各地要依法用于公益性资本支出，重点支持国家重大战略，落实易地扶贫搬迁、贫困地区基础设施、污染防治、环境治理等，推进重大铁路项目、高速公路、重大水利工程、乡村振兴、生态环保、城镇基础设施、农村基础设施等方面公益性基础设施建设。

受2020年新冠肺炎疫情的影响，财政部3月份下发通知，明确提出，2020年全年专项债不得用于土地储备、棚改等与房地产相关领域，同时新增了应急医疗救治设施、公共卫生设施、城镇老旧小区改造等领域项目。这意味着在1.29万亿元提前批专项债不得用于土储、棚改后，后续至少1.7万亿专项债也不得用于这两个领域。这将对投资形成有效拉动，进而稳增长。

同时据接近发改委投资司人士称，2020年拟申请专项债券的项目，应全部录入国家重大建设项目库。专项债项目范围由原定七大领域中，增加申报应急医疗救治设施、公共卫生设施、城镇老旧小区改造、京津冀协同发展等国家重大战略领域项目，同时土地储备等房地产领域项目不得入库申报。

2020年3月4日中央政治局常委会提出的新基建的概念，专项债的投资范围又进一步扩大，会议强调加大5G网络、数据中心等新型基础设施建设。传统经济刺激，一般是指铁路、公路、电网等传统交通、能源基础设施建设，新基建基础设施、大数据、人工智能AI等支持传统基础设施升级，形成融合基础设施，比如特高压、城际高速铁路和城际轨道交通、充电桩、智能交通、智慧城市、智慧能源等。二是新型信息基础设施，比如5G、物联网、工业互联网、卫星互联网等通信网络基础设施；人工智能、云计算、区块链等新技术基础设施；数据中心、智能计算中心等算力基础设施。三是创新基础设施比如重大科技、科教、产业技术创新基础设施等。

第二节　前期工作

（一）基本条件

法律法规依据：地方政府专项债券发行管理暂行办法（财库［2015］83号）、关于印发《地方政府专项债务预算管理办法》的通知（财预［2016］155号）、关于印发《地方政府土地储备专项债券管理办法（试行）》的通知（财预［2017］62号）、关于试点发展项目收益与融资自求平衡的地方政府专项债券品种的通知（财预［2017］89号）、关于印发《地方政府收费公路专项债券管理办法（试行）》的通知（财预［2017］97号）、关于印发《试点发行地方政府棚户区改造专项债券管理办法》的通知（财预［2018］28号）等。

监管机构：财政部

审批机构：全国人大、国务院、财政部、地方人大。

发行主体：省级人民政府

公开发行的项目收益专项债券，由各地按照相关规定，充分结合项目建设运营周期、资金需求、项目对应的政府性基金收入和专项收入情况、债券市场需求等因素，合理确定专项债券期限。

地方政府应认真做好新增政府债券项目储备、挑选、报批等工作，优先选取已经完成立项、论证和审核等程序的项目。项目要体现加大对保障改善民生和经济结构调整的支持力度，重点选取投资额较大的交通、水利、城市建设等基础设施项目分类发行专项债券，尽量避免选取过小过散的项目。应确保项目收益与融资自求平衡，能够产生持续稳定的现金流收入，且现金流收入应当能够完全覆盖专项债券还本付息的规模。项目预期收益、支出及融资平衡情况应当由独立第三方专业机构进行评估，并出具专项评估意见。

（二）发行流程

根据《地方政府专项债券发行管理暂行办法》（财库〔2015〕83号）、《关于做好2018年地方政府债务管理工作的通知》（财预〔2018〕34号）、《关于做好地方政府专项债券发行工作的意见》（财库〔2018〕72号）等文件，一般操作流程如下：

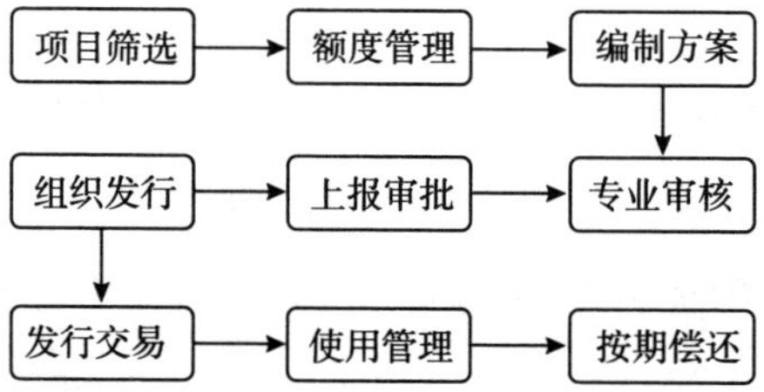

图2-2　专项债发行操作业务流程

下面就专项债券的发行流程中资金申请批准流程给予说明：

一是人大批准。《2015年地方政府专项债券预算管理办法》对专项债的使用作出了明确规定。对新增专项债，地方债务限额由全国人大及其常委会批准，由财政部分配并下达至各省区市，再由各省区市财政部门编制预算并经省级政府同意和省级人大常委会批准。如有分配至区县的额度，则再由各区县财政部门编制预算并经本级政府同意和人大常委会批准。

二是省级分配。省级财政部门在财政部下达的本地区专项债务限额内，提出省本级及所辖各市县当年专项债务限额方案，报省级人大批准后下达市县级财政部门。财政部下达到各省区市限额后，如有分配至市县的额度，则再由各市县财政部门编制预算并经本级政府同意和人大常委会批准。再由各市县财政部门编制预算并经本级政府同意和人大常委会批准。由此可见，专项债的额度是由上向下的一种资源的反向分配，概括起来就是“逐级汇总，反向分配”。

省级财政部门按照专项债务管理规定，审核确定分类发行项目收益专项债券实施方案和管理办法，重点明确专项债券对应的项目概况、项目预期收益和融资平衡方案、发行计划安排等事项，组织做好信息披露、信用评级、资产评估等相关工作。

三是县市申报。市县级政府及其部门负责承担专项债券的发行前期准备、使用管理、还本付息、信息公开等工作。由市县级财政部门聘请第三方咨询机构进行实施方案制定、材料编写，上报省级财政部门进行审核。土地储备、收费公路、棚户区改造及其他创新品种专项债券按照财政部相关管理办法，省级财政在额度范围内报国库司组织发行。

四是省级发行。根据发债时间进度安排，项目实施机构或地市财政局先对申报的材料（主要是实施方案、法律意见、会计所评估报告）初步审核，再提交至省财政厅审查，编制单位根据财政厅反馈意见再次修改申报材料，材料无误后，省级财政部门应当根据专项债券发行规模、债券市场情况等因素，选择招标（含弹性招标）、公开承销等方式组织专项债券发行工作。

详细流程见下表：

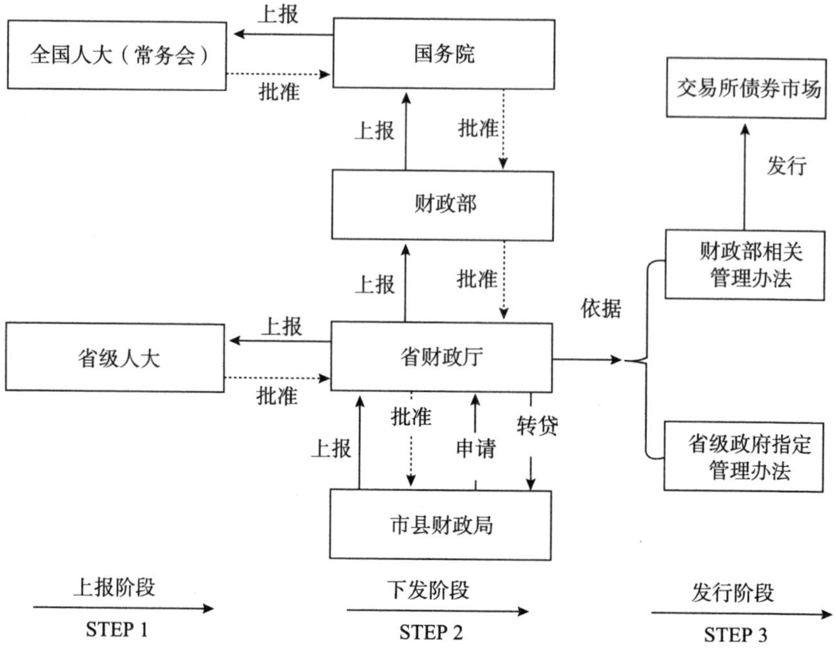

图 2–3 资金流向示意图

第三节　存续期限

《地方政府一般债券发行管理暂行办法》财库〔2015〕64 号第 4 条规定，一般债券期限为 1 年、3 年、5 年、7 年和 10 年，由各地根据资金需求和债券市场状况等因素合理确定，但单一期限债券的发行规模不得超过一般债券当年发行规模的 30%。

根据《关于做好 2018 年地方政府债券发行工作的意见》（财库〔2018〕61 号）丰富地方债券期限，对于公开发行的一般专项债券、公开发行的普通专项债券，增加 2 年、15 年、20 年期限。这是首次新增的长期限品种地方债。各地应当根据项目资金状况、市场需求等因素，合理安排债券期限结构。但对于由超长期（30 年）需求的项目《意见》并没有明确。

《关于做好地方政府债券发行工作的意见》（财库〔2019〕23 号）指

出，地方财政部门应当根据项目实际情况，综合考虑项目期限、投资者需求、债务年度分布等因素，科学确定发行期限，逐步提高长期债券发行占比，更好匹配项目资金需求和期限。

当年5年期地方政府债券发行规模仍占首位，且占比较上年有所提升，7年期、10年期和3年期发行规模次之，且占比较上年均有所下降，2018年上述4种期限地方政府债券发行规模占比分别为43.05%、22.68%、16.60%和15.24%。

来自根据中国债券信息网发行文件披露数据显示，在保持3年–10年中长期债券为主要品种的基础上，15年、20年、30年期等超长期限品种发行进一步增加。地方债券平均发行期限10.3年，同比增加4.1年。其中，10年期以上债券发行8,105亿元，较去年增加7,579亿元。

2019年前10个月，全国发行地方政府债券42,786.51亿元。其中，发行30年期超长期地方债71支，发行规模达4,140.03亿元。2018年全年仅发行1支30年期地方债，规模为20亿元。截至1月12日，根据中国债券信息网和各地财政文件统计，2020年1发行新增地方政府债券金额超7,149.17亿元。其中新增专项债高达6,782.55亿元，占提前下达额度的68%。30年超长期专项债券主要集中在铁路建设、收费公路、雄安新区建设等领域。

2019年长期债券特别是30年超长期债券发行规模大幅增加。这意味着，积极财政政策正在逐步加大力度，随着地方债券发行规模扩大、进度加快，地方政府投资将会持续稳定增长，对稳定中国经济在合理区间运行、保持经济合理增速形成了一定的投资支撑。

第四节　信息公开

目前，专项债的发行场所有深交所和上交所，发行的相关信息登录https：//www.chinabond.com.cn（中央国债登记结算有限责任公司），登录进去左边有地方政府债券一栏，点开进入发行文件，里面有省一级政府年度发行的项目资料。一般来说，信息公开披露的文件包括：《项目实施方案》《项目收益与融资自求平衡专项评价报告》《法律意见书》《信用评级报告》等。

财政部下达的2020年提前批次的专项债申报过程中，广西壮族自治区财政厅2019年10月份下发内审通知：为进一步提高专项项目审核质量，请大家搜集完善申请提前下达专项债券项目收入测算佐证资料，包括：收费标准参考文件、出租率、接待人次等流量测算过程等。请于10月31日前在政府债券管理平台中通过附件补录功能完成补录，附件名称统一命名为“收入测算说明”。

财政部办公厅《关于启用地方政府新增专项债券项目信息披露模板》（财办库［2019］364号），决定启用地方政府新增专项债券项目信息披露模板。从2020年4月1日起，各地发行地方政府新增专项债券时，须增加披露地方政府新增专项债券项目信息披露模板，以表格形式展现项日核心信息。4月1日起发行的新增专项债券存续期内，各地应当按照模板格式，每年披露项目实际收益、项目最新预期收益等信息。如新披露的信息与上一次披露的信息差异较大，应当进行必要说明。

财办库［2019］364号文件规定，新增项目的信息发布必须使用统一模板，是对目前各省份审批的专项债券项目信息披露不规范、不完整、不标准的一次规范管理，以期提高信息披露质量，提炼项目核心信息，方便投资者读取，进一步强化市场约束，规范专项债券项目管理，更好促进项目收益融资自求平衡，有效防范专项债券风险。

为贯彻落实党中央、国务院决策部署，推进全国统一的地方政府债务信息公开平台建设，2019年12月31日，财政部正式上线试运行中国地方政府债券信息公开平台（WWW.CELMA.ORG.CN）。该平台通过定期公开地方政府债务限额、余额以及经济财政状况、债务发行、存续期管理等信息，促进形成市场化融资自律机制。

此次上线的中国地方政府债券信息公开平台，是由财政部统一建设的地方政府债务信息公开平台。中国地方政府债券信息公开平台的建设，是深化重点领域信息公开、回应社会各界关注关切、提升政务公开质量的重要举措，有利于规范地方政府债务管理、防范化解债务风险，进一步提高政府治理能力，促进经济社会持续健康发展。

第三章 实施方案编制

PART

03

第一节　工作程序

在编制实施方案前，首先需要确定项目的实施主体（实施机构），一般是项目行业的主管部门（机关法人证书），然后确定建设及运营主体，一般是城投公司或者通过合法招标程序引进的建设运营单位（营业执照）。

在接到地方政府实施机构的委托后，咨询公司开始着手准备工作，协助项目实施机构按照相关政策和规范性文件，结合政府方实际资金需求，遴选符合要求的项目，对债券发行可行性进行充分论证。

专项债实施方案的工作程序一般包括：工作委托、方案编制、提交报告、报告审查等。

项目的筛选。这部分工作可以是项目实施单位自行完成，也可以是咨询机构利用专业知识帮助项目实施单位筛选。从已发行的、具有单独文件管理的品种来说，可以分为标准化专项债和非标专项债两种：

（1）标准化专项债：土地储备类、收费公路类、棚户区改造类

（2）非标专项债：财预［2018］34 号鼓励合理扩大专项债使用范围，鼓励地方按照（财预［2017］89 号）要求，创新和丰富债券品种，按照中央经济工作会议确定的重点工作，优先在重大区域发展以及在乡村振兴、生态环保、保障性住房、公立医院、公立高校、交通、水利、市政基础设施等领域选择符合条件的项目，积极探索试点发行项目收益专项债券；探索重大战略区域专项债，如“一带一路”的建设、京津冀协同发展、长江经济带发展、粤港澳大湾区建设、河北雄安新区及海南全面深化改革等重大战略区域。

1. 工作委托。项目单位可以自行编制或委托具有经验的机构组织专家和相关人员编写，具体参加人员应有社会、经济、法律、财务等相关专业的多学科专业知识的人员组成，委托方与受托方应签订合同，明确任务、

报告质量及提交成果形式等。

2. 方案编制。受托单位应根据项目的特点，结合当地经济发展状况及国家政策、行业发展规划等依据开展编制方案。

3. 提交报告。方案编制完成后，应提交项目单位初审，无误后提交项目所在地财政部门再次审核，最好是项目单位、咨询机构、财政部门和相关单位组织座谈会，学科专业知识的人员组成，就实施方案中存在的问题一一陈述解释。委托方与受托方应签订合同，明确任务、报告质量及提交成果形式等。

4. 报告审查。项目所在地财政部门初步审核后，提交省级财政部门审核，一般省级财政部门会组织行业专家对实施方案进行仔细评审，重点审查项目的社会效益及经济效益。

第二节　编制原则及方法

（一）编制的原则

一是方法科学，采用经验判断、数学分析、试验等方法，定量分析与定性分析相结合；二是基础数据依据充分，特别是项目的预期收入、运营成本，直接关系到本息覆盖倍数值的高低，项目的各项收入都需要有政府发改部门、物价部门的批复、当地目前的收费依据、周边类似的收费案例依据，必要时可由政府相关部门出具准备收费的证明文件；三是专业可靠，在采用科学方法、依据充分的基础上，用现金流量法测算项目的本息覆盖倍数，务必做到计算准确、数据有据可查、前后一致、能自检自测。

（二）编制方法

在编制的各个阶段会用到不同的咨询方法，特别是预测预期收益的时候，会有多种方法并用，以求最大限度的逼真。

通常来说编制自平衡专项债的实施方案，强调定量分析与定性分析相结合，并以定量为主；静态分析与动态分析相结合，重视动态分析，统计分析与预测分析相结合，重视预测分析。

1. 收集资料

前期收集的资料文献主要来源包括统计资料（如近三年国家和地方的经济、财政、债务、社会和环境等方面的统计年鉴）、普查资料（人口普查、经济普查、产业普查等）、文件资料（如政府的有关文件、上位层面或前一阶段的规划文件、当地十三五规划）、档案资料（如地方志和专项志）以及各种相关的公开出版物等。

当然，除了文案调查法收集资料外，还有实地调查法、试验调查法、问卷调查法等其他方法。

一般来说，需要实施机构准备以下资料：

➢ 城乡规划行政主管部门出具的选址意见书（必须提供）

➢ 国土资源行政主管部门出具的用地预审意见（必须提供）

➢ 自然资源和规划部门出具的建设用地规划许可证

➢ 发改部门批复的项目可行性研究报告（必须提供）

➢ 自然资源和规划部门出具的工程规划许可证

➢ 环境保护行政主管部门出具的环境影响评价审批文件（环评批复登记表）

➢ 特殊地理位置的地震安全性评价报告

➢ 项目的节能评估报告书、节能评估报告表或者节能登记表

➢ 水资源主管部门批复的水土保持方案

➢ 建设主管部门批准的施工许可证

➢ 社会稳定性风险评价

➢ 纳入国家、省级、市级重点建设项目的批准、备案、审核资料

➢ 物价局关于本项目的收费文件（如学费、高速公路收费、客车票价、污水处理费、自来水水费等）

➢ 根据有关规定应当提交的其他文件。

咨询方要收集的资料：

本项目所在地近三年经济、财政、债务情况、项目的目前进展状况、区域内十三五、十四五及行业发展规划及相关批复、项目所在地人民政府对项目规划的批复等文件，同时检查前期资料的完整性、合规性。

2. 资料分析

收集到必需的资料后，对项目涉及的各种影响因素进行分类。一般可分为三类：

（1）对项目决策有重大影响的资料。一般指合法性的程序文件，如可研批复、用地预审、施工许可等。

（2）对项目建设有重大影响的资料。如项目资本金是否到位，是否开工，目前遇到哪些困难，能否克服，是否有国家政策支持。

（3）对项目运营有重大影响的资料。专项债的特点是要靠项目自身的造血来偿还本金，项目的可靠持续运营是保障还款的基础。

3. 构建基本财务模型

在对收集的资料进行分类汇总分析评价的基础上，运用定量和定性相结合的方法，预测未来年份的营业收入、人口增长、消费增长、运用成本增长等影响因素，分析预测过程中会用到德尔菲专家调查法、回归分析法、消费系数法、弹性系数法、购买力估算法及移动平均法、指数平滑法、成长曲线模型等。

需要说明的是，预测未来的方法很多，其中定量分析的如专家预测法（德尔菲法）在根据多年的历史资料基础上，可以用于预测长期（比如30年）的未来水平；定量分析中的因果分析下的弹性系数法、回归分析法等则可以适应于短期（几个月）、中期（1年以上、5年以下）以及长期（5年以上）；定量分析中的时间序列分析下的指数平滑仅仅适应短期（几个月）的预测。实践中我看到的大多数实施方案，对未来的需求预测所有的方法，几乎没有解释，仅仅是简单粗暴的数据罗列（比如人口增长了

8%，财政收入增长了8%，通行费用增长了10%等），可靠性差，信服度比较低。

咨询机构可根据不同的项目类型、不同的研究对象、研究目标确定适用的分析方法，可以选用一种也可以选用几种分析方法进行组合分析，不同的分析方法具有不同的适用条件、应用范围和应用价值，实践中应仔细分析选用适宜的分析方法，切不可随意信手拈来，数据满天飞。

在确定了预测未来数据的方法后，按照《建设项目经济评价方法与参数》（2006第三版）的指南，尽可能地贴近项目的实际情况，构建项目的财务测算模型，完成财务分析，结合本地财政能下拨的专项债资金，用现金流量法测算项目的本息覆盖倍数（偿债备份率）。

4. 方案编制

在收集基础资料分析后，根据搭建财务模型的数据，依据财政部编制实施方案的指导指南，结合项目的实际特点，编制专项债实施方案，重点突出项目的社会效益及项目的偿债能力。

5. 复核方案

编制完成后，首先当地财政局要进行初步审核，无意见后提交省级财政厅，省厅组织专家对专项债实施方案进行专家审核，提出具体意见反馈到当地财政局，第三方咨询机构再根据专家组意见修改完善实施方案，补充佐证资料，力求真实客观反映还本付息能力，最后再次提交省厅，进入市场发行。

需要说明的是，2016年、2017年、2018年财政部对专项债的发行管理并不严格，有的地方直接用信息披露代替实施方案，实施方案也是草草编制，可信度一般。2019年财政部加强了管理，规范了信息披露，同时也是对投资者的负责，要求各地平衡债项目必须编制实施方案，且在发行时一并披露，供投资人参考。

2020年提前批次申报过程中，多个省份下发内部通知，要求对申报项目中预期收益（营业收入）、运营成本等影响测算的关键因素，要提供收费参考文件佐证资料；对项目运营成本中员工薪酬等由财政全额下拨的情况下由实施机构出具的人员薪酬等不纳入运营成本的证明文件；对前期开工手续不完善项目已经开工的，不完善资料需要地方政府主管部门出具的正在办理证明函等文件。

结合多个项目的申报情况，对已开工项目要提供可研批复、用地审批、工程规划许可证、用地规划许可证、建设施工许可等，个别省份申报还需要提供中标通知书。复核阶段经常会用到查询法、前后对比法、重点审查法、德尔菲法等方法。

第三节　实施方案的内容

2015 年财库〔2015〕83 号对专项债券发行提出了管理办法以及相关要求。为完善地方政府专项债券管理，加快按照地方政府性基金收入项目分类发行专项债券步伐，发挥政府规范举债促进经济社会发展的积极作用。2017 年 9 月财政部颁布了“财预〔2017〕89 号”，引导地方政府合理试点发展项目收益与融资自求平衡的地方政府专项债券品种，并强调“科学制定实施方案为核心”的专项债券报备流程：“由省级政府制定实施方案以及专项债券管理办法，提前报财政部备案后组织实施。为加快支出进度，实施方案应当于每年 9 月底前提交财政部”。“89 号文”给出了“专项债券实施方案”的指导框架，包括但不限于以下内容：

1. 公益性事业领域项目主要内容；

2. 项目重大经济社会效益分析，尤其是积极践行“创新、协调、绿色、开放、共享”新发展理念，促进地方经济社会可持续发展分析；

3. 项目投资额、自有资本金及资本金到位情况、已有融资情况、项目建设计划及现状；

4. 项目预期收益涉及的相关收费政策内容、收费政策合法合规依据、覆盖群体分布、预计产生反映为政府性基金收入或专项收入的稳定现金流收益规模分析（应当由独立第三方专业机构进行评估，并出具专项评估意见）；

5. 项目预期收益、支出以及融资平衡情况（应当由独立第三方专业机构进行评估，并出具专项评估意见）；

6. 项目融资计划，包括项目发行地方政府专项债券募集资金计划、分年专项债券发行规模和期限安排、专项债券投资者保护措施；

7. 潜在影响项目收益和融资平衡结果的各种风险评估；

8. 其他需要说明的事项。

"89 号文"同时还给出了专项债券募集资金管理办法参考框架：

应当根据项目实施方案，参考《地方政府专项债务预算管理办法》（财预〔2016〕155 号）、《地方政府土地储备专项债券管理办法（试行）》（财预〔2017〕62 号）等制定。主要包括但不限于总则、预算编制、监督管理、职能分工、附则等内容。

按照财政部 83 号文、89 号文的要求，结合专项债券的本质，可以看出，实施方案中社会效益的分析及自平衡的测算是重点，社会效益分析是分析项目带给当地社会的社会效益，是否增加供给、提升效率、稳定增长、增加就业等；自平衡测算是项目通过测算预期经营性收益，能否在专项债券存续期内满足还本付息的要求，也就是能不能发行的核心要素。

前面讲过，实施方案应重点明确专项债券对应的项目概况、项目预期收益和融资平衡方案、分年度融资计划、年度拟发行专项债券规模和期限、发行计划安排等事项，一个项目对应一个实施方案。各地项目发起单位要会同当地财政、发改等部门会同第三方专业机构，围绕项目，发掘和寻找项目收入，同时配备必要的证明材料，做到数据翔实可靠，结论经得起推敲，不能为了发行而虚假编造数据，形成政府隐形债务。

第四节　第三方咨询作用

完整的申报披露信息包括项目建议书及可行性研究报告、项目环评报告、项目实施方案（含资金平衡方案）、财务审计/评估报告和法律意见书。

从整套的文件准备来看，前期有可研中期有实施方案、后期有财务审计和法律意见书，实施机构需要不断的协调各个第三方咨询机构，协调工作量大，效率较低，特别是发债申报期限短，咨询各方压力很大。实践中通常是整体打包给一家咨询机构，由其编写实施方案，牵头统筹管理、组织协调会计师事务所和律所，及时审核和出具意见。

从各地申报的地方政府专项债发行情况看，地方政府一般债券申报由当地财政部门完成，地方政府专项债券由于测算复杂，从建设期期初到债券还本付息年年末，需要一整套的现金流量表来计算本息覆盖倍数，对编制人员的综合素养要求非常高，一般都是由实施机构通过委托或招标选定第三方机构来负责整个项目的方案编制、申报、修改完善等工作，几乎没有实施机构自己完成的案例。目前第三方咨询机构提供的服务基本内容如下：

（一）专项债券发行申报、项目梳理、立项指导、发债咨询

协助实施机构按照相关政策和规范性文件，结合政府实际资金需求，遴选符合要求的项目，对债券发行可行性进行充分论证。服务内容包括但不限于：从专业角度协助政府科学制定债券发行计划、编制实施方案，协助政府完成土地储备专项债券项的发行申报工作，提高地方政府债券管理专业化程度和风险防范。

（二）地方政府专项债券发行申报方案指导审核

对未能通过省级财政厅审核的项目应根据项目具体情况，结合专项债券相关管理规定及债券市场情况，审核《实施方案》；编制项目专项政府

债券发行方案（信息披露报告），《项目实施方案》《项目收益与融资自求平衡专项评价报告》《法律意见书》等的合规性提供专业咨询意见，协助申报通过审批发行。

（三）协助政府就债券发行方案进行汇报

统筹协调会计师事务所、信用评级机构、律师事务所等中介机构，完成实施方案及信息披露相关文件的编写和汇报修改工作。主要工作包括但不限于以下方面：

①协调会计师事务所或其他专业评估机构对评估项目能产生的反映为政府性基金收入或专项收入的稳定现金流收益规模；分析项目预期收益与融资平衡情况，科学制定资金平衡方案；

②协调律师事务所制定专项债券发行及管理相关的管理办法，确保债券发行实施方案符合财政部相关规范性要求；就债券发行事项出具专项法律意见，确保债券发行管理合法合规；

③统筹各家相关机构工作进展，对各类问题统筹协调，确保如期完成相关工作。

（四）完成实施方案及信息披露相关文件的制作及申报

主要工作包括但不限于以下方面：

① 协助政府方完成全部信息披露文件的撰写和汇总。

② 协助区政府完成债券发行及管理相关的其他汇报材料的制协助区、县财政局完成债券发行实施方案的上报及反馈修改工作，确定最终债券发行实施方案。

③协助并辅导政府通过第三方咨询机构从专业角度，完成债券发行准备、信息披露、实施方案相关文件的制作及申报等工作，确保债券项目顺利获批后发行及上市。

（五）完成成果提交

①《项目实施方案》；

②《项目收益与融资自求平衡专项评价报告》；

③《法律意见书》；

④过程文件、测算底稿等。

（六）咨询公司的责任

咨询机构对项目策划的每个质量控制点（前期准备、现场调研、撰写报告）应严格把关，细致研究项目相关材料，聆听项目主管单位对项目全面介绍，认真撰写实施方案，确保实施方案格式规范、内容完整、引用数据翔实和参数可靠、所采用的方法科学、文字表述精炼清晰，测算的利息备付率结果准确、可靠。

第四章　实例分析

PART

04

项目收益类专项债券全称为项目收益与融资自求平衡的专项债券，其偿债资金来源主要来自项目建设完成后运营产生的专项收入。本文将对近年来快速发展的地方政府项目收益专项债券进行分析。需要说明的是，尽管财政部对土储项目、棚改项目和收费公路项目有专门的文件管理，但从其属性性质来看，仍属于项目收益类专项债券，本文也一并纳入讨论范围。

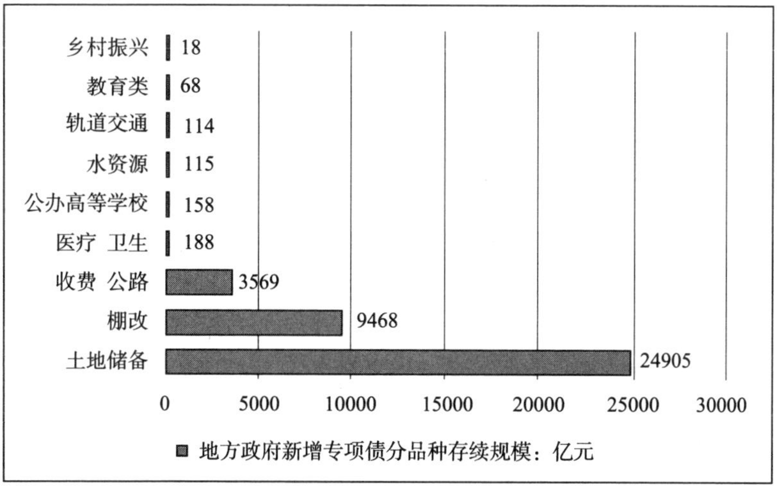

图 4–1　2018 年底新增专项债品种存续规模（单位：亿元）

数据来源：WIND、财政部管网

财政部印发《关于试点发展项目收益与融资自求平衡的地方政府专项债券品种的通知》（财预〔2017〕89 号）通知指出，积极发展实现项目收益与融资自求平衡的专项债券品种，同步研究建立专项债券与项目资产、收益相对应的制度，立足我国国情、从我国实际出发，打造中国版的地方政府市政项目“收益债”。

89号文特别强调了地方政府专项债要重点转向有一定收益的，在计算期内收益能覆盖还本付息的项目，即业内俗称的“自平衡项目债”。也就是说建设项目能够产生持续稳定的反映为政府性基金收入的现金流收入，且现金流收入应当能够完全覆盖专项债券还本付息的规模。

各省份申报的自平衡专项债项目，每个实施方案都要有自平衡测算的章节，不但要列明计算方式并且配备图表，对数据的来源做详细解释说明，最后才能通过计算得出利息覆盖倍数。虽然土地储备、棚改、教育类短期的自平衡测算相对比较简单，但像高速公路、产业园区、污水等10年、20年甚至30年这么长的时间维度里，对整改项目的（指债券存续期）资金平衡测算还是有相当难度的，特别是建设资金来源的多样化，资金匹配的时间不同等的测算，对编制人员的综合素质要求还是挺高的。

通过调查走访河北、天津、湖北、广西、安徽等省区市财政厅发债管理部门，发现目前申报业务的实施方案，基本上由会计师事务所、部分工程咨询机构所做，分析大量的案例可以得出，目前第三方咨询机构的水平良莠不齐，存在计算过程简单、数据造假、数据分析没有逻辑性、前后矛盾等问题。

本章重点介绍了目前已发过的成熟项目类型以及地方政府创新项目，案例策划及平衡测算是发行成功的前提条件，案例详细介绍了操作手法及如何实现平衡，对各地发行自平衡专项债有一定的借鉴意义。

第一节　土地储备专项债

（一）政策要求

《地方政府土地储备专项债券管理办法（试行）》（财预［2017］62号）（“62号文”）的公布标志着土地储备专项债的试点的开始。土地储备专项债券是地方政府专项债券的一个品种，是指地方政府为土地储备发行，以项目对应并纳入政府性基金预算管理的国有土地使用权出让收入，或国有土地收益基金收入偿还的地方政府专项债券。

《办法》明确，土地储备专项债券发行，严格对应项目实施。发行土地储备专项债券的土地储备项目，应当有稳定的预期偿债资金来源。项目对应的政府性基金收入，应当能够保障偿还债券本金和利息，实现项目收益和融资自求平衡。省级政府为土地储备专项债券的发行主体。土地储备专项债券可以对应单一项目发行，也可以对应同一地区多个项目集合发行。债券期限与项目实际相适应，原则上不超过 5 年。

土储专项债中所指的土地储备，是指地方政府为调控土地市场、促进土地资源合理利用，依法取得土地，进行前期开发、储存以备供应土地的行为。

土地储备，是指地方政府为调控土地市场、促进土地资源合理利用，依法取得土地，进行前期开发、储存以备供应土地的行为。比如，提供保障性安居工程用地，应对房价过快上涨、城市总体规划实施等，都需要一定的土地储备作保障。

土地储备的流程主要有三个环节：征购、储备、供地。整个储备行为，在《土地储备管理办法》（国土资发【2007】277 号）里规定了只能由土地储备机构负责实施。土地储备机构就是各市县的土地储备中心，隶属于国土资源管理部门，并且该土地储备机构必须在国土机构库名单目录内。土储中心在收储地块的过程中会产生融资需求，土储中心从市场上借钱的路径，有着明显的政策色彩。

最开始的时候，土储中心可以用储备土地做抵押，向银行、信托公司等金融机构贷款。到了 2008 年，银保监会发布了一个文，要求信托公司不得以信托资金发放土地储备贷款。这个时候实际上信托公司已经不能提供融资了。同时，对于银行贷款，也要求不能超过 5 年。2015 年以前，地方土地储备资金的来源以银行贷款为主。新预算法实施后，银行贷款这条路就行不通了。新预算法规定，地方政府举借债务只有一条路，就是发行地方政府债券。

直到2016年，银保监会再次发文不能向银行业金融机构举借土地储备贷款了。那所需资金，可以从财政资金中统筹安排，不足的部分可以在债务额度内通过省级代发政府债来筹集资金。

土地收储需要大量的资金支持，很显然银行信托提供的资金已经不能满足收储的需要。2015年以前，地方土地储备资金的来源以银行贷款为主。新预算法实施后，银行贷款这条路就行不通了。新预算法规定，地方政府举借债务只有一条路，就是发行地方政府债券。2017年6月，财政部印发了《地方政府土地储备专项债券管理办法（试行）》（财预［2017］62号文），土储所需资金可以通过发行土地储备专项债券进行融资。土储债成为土储中心非预算内资金的唯一来源。

2019年9月4日国务院常务工作会议要求提前下达2020年专项债部分新增额度，特别指出新增额度不得用于土地储备和房地产相关领域，占比超过80%的土储专项债和棚改专项债被暂停。

（二）案例介绍

案例：2017北京市石景山区（一期）土储专项债券

2017年第一批北京市政府土地储备专项债券（以下简称“本批债券”）发行总额90亿元，其中北京市石景山区土地储备专项债券（一期）土储专项债”计划发行36.30亿元。资金用途方面，本批债券专项用于土地储备项目，本批专项债券无增信措施。

表4–1　北京市石景山区（一期）土储专项债券基本信息

项目名称	发行额（亿元）	偿还期	用途	利率	还本付息情况
2017年北京市石景山区土地储备专项债券（一期）—2017年北京市政府专项债券（九期）	36.30	5年期	土地储备	固定利率	5年期北京市政府一般债券利息每年支付一次，债券最后一期利息随本金一起支付

1. 预期收益

从地区的政府财政实力来看，石景山区属于北京市的城市功能拓展区，是北京市城六区之一，2014 年—2016 年石景山区一般公共预算收入分别为 37.97 亿元、45.09 亿元和 51 亿元，增速分别为 24.1%、18.8% 和 13.1%。虽然一般公共预算收入增速有所下滑，但仍保持较高增速，增速近年来保持全市前列，石景山区第三产业占 GDP 的比重持续增加，现代金融产业对一般公共预算收入的贡献持续增长，预计未来一般公共预算收入仍将保持较快增长态势。政府性基金收入方面，2014 年—2016 年石景山区政府性基金收入分别为 97.40 亿元、37.25 亿元和 18.41 亿元，其中国有土地出让收入分别为 96.90 亿元、37.08 亿元和 16.50 亿元，近年来受区域内土地供应量下滑及保障性住房供应上升影响，区域内政府性基金收入呈下滑态势。未来，考虑到石景山区作为城市功能拓展区，开发空间较大，预计将对区域内政府性基金收入形成有力支撑。

根据近年来石景山区相近位置的地块历史出让情况，上述区域地块近五年历史成交较活跃，土地成交单价受土地规划用途及所处具体位置不同波动明显，近五年上述地块相近区域历史成交单价约为 1,193.60 万元/亩，具体情况见下表。

表 4–2　对应地块历史成交情况

位置	地块	签约日期	单价（万元/亩）	规划用途
五里坨	石景山区五里坨建设组团 02 号地 B 地块保障性住房用地	2013 年 8 月 15 日	726.87	R2 二类居住用地
	石景山区五里坨南宫住宅小区（A、B 地块）保障性住房用地	2013 年 7 月 29 日	591.45	R2 二类居住用地
	石景山区五里坨站前小区经济适用房配套项目	2013 年 3 月 8 日	92.23	配套商业、综合
中关村科技园	石景山区中关村科技园区石景山园北 II 区创业园、中关村科技园区石景山园北 I 区	2015 年 12 月 9 日	482.91	住宅、商业（配套）、办公（公共服务设施）、地下仓储、地下车库

续表

位置	地块	签约日期	单价（万元/亩）	规划用途
刘娘府	石景山区刘娘府 1604-659 等地块	2014 年 10 月 27 日	2,211.62	R2 二类居住用地、C2 商业金融用地
均价	—	—	1,193.60	—

数据来源：北京市规划和国土资源管理委员会

由于未获得当期土地储备项目的规划用途，仅根据上述历史均价测算，若相应地块 3,353.58 亩全部出让，预计可实现土地出让收入约 518.49 亿元。

2. 债券融资成本

本项目计划发行债券 363,000 万元，其中 2017 年发行 363,000 万元，测算利率 3.25%，按年付息，债券存续期为 5 年，债券到期一次还本。

表4–3　北京市石景山区（一期）土储融资还本付息测算表　（单位：万元）

年度	期初本金余额	本期新增本金	本期偿还本金	期末本金余额	当年偿还利息	当年还本付息合计
2017		363,000		363,000	11,797.5	11,797.5
2018	363,000			363,000	11,797.5	11,797.5
2019	363,000			363,000	11,797.5	11,797.5
2020	363,000			363,000	11,797.5	11,797.5
2021	363,000			363,000	11,797.5	374,797.5
					58,987.5	421,987.5

3. 资金平衡

上述土地出让后，预计可实现出让土地 518.49 亿元，预期收入可覆盖对应地块全部投资，同时预期收入对石景山区（一期）土储专项债务的覆盖倍数达到 12.29 倍，上述地块国有土地出让收入对债券的保障程度较高。

（三）案例分析

土地储备类自平衡专项债的实施方案编制难点在于地价的合理确定，最好是搜集当地及邻近区域近 5 年的地块出让摘牌价，用参照类比法或加权平均等方法合理确定项目地价。如果是 5 年期的短期债券和开发进度不匹配，可以逐年滚动发债，合理分期开发。该类自平衡项目的测算因项目内容少收益来源结构单一，测算比较简单，专项债券本息保障程度较高。

自 2017 年 6 月，财政部印发了《地方政府土地储备专项债券管理办法（试行）》（财预［2017］62 号文）以来，各个地方政府开足马力，土地储备专项债券发行连攀新高，虽然大中城市的地价仍然维持在一个较高的水平，从资金平衡来看土地储备项目对债券融资本息覆盖倍数都能满足要求，但项目对社会经济效益没有明显的作用，对拉增长、保就业、惠民生方面没有显性作用。在 2020 年提前批次申报中，财政部就暂停了该类项目的申报，预计该类项目在后期发行中比例会不断降低。

第二节　棚户区改造专项债

（一）政策要求

《试点发行地方政府棚户区改造专项债券管理办法》（财政部、住房城乡建设部）（财预〔2018〕28 号）为完善地方政府专项债券管理，规范棚户区改造融资行为，坚决遏制地方政府隐性债务增量，有序推进试点发行地方政府棚户区改造专项债券工作，探索建立棚户区改造专项债券与项目资产、收益相对应的制度，发挥政府规范适度举债改善群众住房条件的积极作用，试点发行棚改专项债券的棚户区改造项目应当有稳定的预期偿债资金来源，对应的纳入政府性基金的国有土地使用权出让收入、专项收入应当能够保障偿还债券本金和利息，实现项目收益和融资自求平衡。

地方政府棚户区改造专项债券（以下简称棚改专项债券）是地方政府专项债券的一个品种，是指遵循自愿原则、纳入试点的地方政府为推进棚户区改造发行，以项目对应并纳入政府性基金预算管理的国有土地使用权出让收入、专项收入偿还的地方政府专项债券。

棚改专项债中所指的棚户区改造，是指纳入国家棚户区改造计划，依法实施棚户区征收拆迁、居民补偿安置以及相应的腾空土地开发利用等的系统性工程，包括城镇棚户区（含城中村、城市危房）、国有工矿（含煤矿）棚户区、国有林区（场）棚户区和危旧房、国有垦区危房改造项目等。

棚户区改造专项债券是继土储专项债、收费公路专项债后，财政部推出的又一项目收益与融资自求平衡专项债券试点创新品种，为地方政府筹措棚户区改造建设资金提供了新的范式。棚户区改造是现阶段国家重点支持的民生工程之一，成功融资是项目实施的重要前提，目前，地方政府融资需求较为强烈。传统模式下，地方政府主要通过项目实施企业申请银行贷款等方式进行融资，而发行棚改专项债，有利于进一步扩充资金来源，引导社会资本规范参与棚户区改造，为棚户区改造提供低成本资金支持，发挥专项债券的惠民生、防风险作用。

2018年6月20日，2018年天津市红桥区棚户区改造专项债券（一期）通过财政部上海证券交易所政府债券发行系统成功发行，标志着自财政部、住房城乡建设部3月1日联合印发《关于印发 < 试点发行地方政府棚户区改造专项债券管理办法 > 的通知》以来，全国首单棚改专项债正式落地。虽然2020年提前批次的专项债不能用于棚户区改造，但并不意味着以后就全面停止该类债券的发行，事实上东北矿区还存在大量的棚户区急需资金投入改造，政策的变化应该是一城一策，并不会搞一刀切。

（二）案例介绍

案例：天津市红桥区棚户区改造专项债券（一期）

1. 项目基本情况

天津市红桥区西于庄地区棚户区改造项目由天津市保障住房建设投资有限公司负责建设，主要工程内容包括项目区内房屋征收和补偿、道路及绿化工程。西于庄项目区域面积 64.1 公顷、可出让用地面积 27.8 公顷，容积率 3.8，出让区内规划建筑面积 105.64 万平方米。

西于庄项目前期总投资为 85.1 亿元，目前距离项目顺利完工仍有 8 亿元资金缺口，拟通过发行政府专项债券的方式筹集，其中拟使用本期棚户区改造专项债券 4 亿元，根据土地价格预测数据，西于庄项目土地到期出让金为 3123 亿元，按当时土地出让政策规定，扣除四项基本政策费用和政策性基金后，西于庄项目可研用于资金平衡的土地收入为 277.83 亿元。

表 4–4　西庄子项目土地出让金测算表

序号	项目	单位	合计
一	出让土地回款	万元	3,123,035
1	可出让的规划建筑面积	平方米	1,056,400
2	楼面地价均价	元 / 平方米	29,563
二	土地扣减项目	万元	344,735
1	四项基本政策成本	万元	63,662
2	政策性基金	万元	281,073
三	用于资金平衡土地相关收益	万元	2,778,300

备注：1. 出让土地回款 = 可出让的规划建筑面积 × 楼面地价均价

2. 用于资金平衡的土地相关收益 = 出让土地回款 – 土地扣减项目

2. 土地四项基本政策和政策性基金

费用和政策性基金计提费率：（1）农业土地开发资金逐宗地按土地收益的 15% 计提。主要用于农业土地开发的支出。（2）城镇廉租住房保障资金逐宗地按土地收益的 10% 计提，主要用于补充城镇廉租住房保障资金。已按宗地配套建设廉租住房的，不再计提。（3）土地出让业务费逐宗地按土地收益的 2% 计提，并按照财政部门核定的预算安排支出，主要用于土地有偿使用管理工作方面的支出。(4)国有土地收益基金逐宗地按缴入地方国库的土地出让总收入的5%计提，实行分账核算，主要用于土地收购储备。

3. 项目投资

项目总投资为395.43亿元，其中建筑工程费用1,170,041万元，安装工程费用206,675万元，设备购置费用342,204万元，工程建设其他费用598,844万元，预备费用311,196万元，专项费用523,340万元(包括车辆购置费、建设期发债利息、债券发行费用、铺底流动资金)。

融资情况：西庄子项目此次拟发行棚户区改造专项债券4亿元，后续发行4亿元，共计8亿元。假设债券期限5年，利率为5年前国债券收益率上浮30%，约为4.51%，债券应还本付息9.8亿元。

在专项债券不能满足项目后续建设资金需要时，西庄子项目启动前就已经接受国家开发银行政策性贷款72,2亿元，贷款利率4.45%，本息合计87.8亿元。以上两项融资成本共计97.6亿元，土地未出让之前，融资还本付息通过市级财政返还红桥区土地出让收入安排。

4. 资金平衡

根据项目融资计划、建设情况等进行测算，预计土地出让收入对项目总融资成本的本息覆盖倍数为1.52，项目自求平衡情况较为良好。

5. 偿还来源

本期棚户区改造专项债券，对应项目为天津市西沽南片区棚户区改造项目和天津市红桥区西于庄地区棚户区改造项目，期限5年，预计融资规模为108亿元，本期发行规模15亿元，未来偿债资金主要来源于土地出让收入。

(三)案例分析

棚户区改造一直是国家重视的民生工程，随着改造工作的不断推进，一部分困难群众的居住、生活、教育等条件得到了明显改善，但在改造过程中也出现了资金、规划滞后，社会稳定、拆迁进度缓慢等问题，其中资金短缺是头等问题，直接关系到项目能不能启动和推进。

针对资金需求巨大的现实问题，在本项目开工前就规划了多渠道融资的方案，一是申请国家开发银行政策性贷款；二是最大限度地发行自平衡专项债券；三是通过市级财政返还部分土地出让收入。只要在项目启动前计划好资金保障来源，规划好土地出让的建筑面积，一般来说只要项目能顺利推动，专项债券的本息还是有保障的。

最新消息，截至 2020 年 1 月 14 日，专项债不再投向土储和棚改，投向基础设施建设，重点支持国家重大项目、国家重大战略项目。2019 年 1 月共发行专项债 1,412 亿元，用于土地储备与棚户区改造的专项债金额合计 1071 亿元，占 2019 年 1 月专项债发行总金额的 75.9%，投向基建的规模仅为 24.1%；截至 2020 年 1 月 14 日，已发行的地方政府专项债中尚无投向土储与棚改项目，投资方向全部为基础设施建设项目。

第三节　收费公路专项债

（一）政策要求

《地方政府收费公路专项债券管理办法（试行）》（财预［2017］97 号）（“97 号文”）的公布标志着收费公路领域的专项债的试点的开始。这里的收费公路指政府收费公路，是指根据相关法律法规，采取政府收取车辆通行费等方式偿还债务而建设的收费公路，主要包括国家高速公路、地方高速公路及收费一级公路等。

97 号文提到的地方政府收费公路专项债券（以下简称收费公路专项债券）是地方政府专项债券的一个品种，是指地方政府为发展政府收费公路举借，以项目对应并纳入政府性基金预算管理的车辆通行费收入、专项收入偿还的地方政府专项债券。专项收入包括政府收费公路项目对应的广告收入、服务设施收入、收费公路权益转让收入等。

收费公路专项债券资金应当专项用于政府收费公路项目建设，优先用于国家高速公路项目建设，重点支持“一带一路”、京津冀协同发展、长江经济带三大战略规划的政府收费公路项目建设，不得用于非收费公路项目建设，不得用于经常性支出和公路养护支出。任何单位和个人不得截留、挤占和挪用收费公路专项债券资金。收费公路专项债券收入、支出、还本、付息、发行费用等纳入政府性基金预算管理。

《关于做好地方政府专项债券发行及项目配套融资工作的通知》（厅字〔2019〕33 号）《通知》是对 97 号文、101 号文的继承：一方面延续了 97 号文中“合理保障融资平台公司正常融资需求”的政策要求；另一方面进一步明确和扩大了重大项目的范围：对于部分实行企业化经营管理且有经营性收益的基础设施项目，包括已纳入国家和省、市、县级政府及部门印发的“十三五”规划并按规定权限完成审批或核准程序的项目，以及发展改革部门牵头提出的其他补短板重大项目。

《通知》最大的亮点在于允许将专项债券作为符合条件的重大项目资本金。对于专项债券支持、符合中央重大决策部署、具有较大示范带动效应的重大项目，主要是国家重点支持的铁路、国家高速公路和支持推进国家重大战略的地方高速公路、供电、供气项目，在评估项目收益偿还专项债券本息后专项收入具备融资条件的，允许将部分专项债券作为一定比例的项目资本金，但不得超越项目收益实际水平过度融资。

（二）案例介绍

高速公路建设一直是地方政府重点建设项目，对交通运输是经济和社会发展的基础，是经济发展的命脉，是城市扩张的动脉，交通运输对社会发展的影响十分广泛，可拉动相关的国民经济产业的发展，促进就业，扩大社会服务容量，在某种程度上改善贫困状况。同时为所在区域提供一个稳定、长期、持续增长的地方财政收入，有效的拉动内需，促进经济发展，对当地社会经济的发展起到积极的推动作用，同时也为实现区域经济跨越发展、小康建设目标，达到共同致富创造条件。

案例：2020 年云南省临沧市收费公路专项债券（一期）——临沧市市本级临沧临翔至清水河高速公路建设项目专项债券

1. 基本情况

项目名称：临沧临翔至清水河高速公路建设项目

项目主管单位：临沧市交通运输局

项目业主：云南临沧临清高速公路有限公司

项目区位：位于云南省临沧市临翔区、双江县、耿马县境内。线路起于临翔区旧寨，并设旧寨枢纽与在建玉溪至临沧高速公路振太至临翔段衔接，经临沧南、新村、博尚、勐撒、勐简、孟定、南棒，止于耿马清水河中缅大道。

2. 项目建设内容和产出

临沧临翔至清水河高速公路全长约 156.19 公里，其中高速公路 142.229 公里（临沧机场高速公路共线 5.86 公里），一级公路 13.961 公里。全线共设特大桥 2 座，大桥 54 座，中桥 18 座；特长隧道 8 座，长隧道 6 座，中隧道 2 座，短隧道 1 座，桥隧总长 78.798 公里，占路线全长 50.33%；互通式立交 9 座。

按《公路工程技术标准》（JTG B01–2014）的要求，高速路段拟按四车道高速公路标准建设，设计速度 80 公里 / 小时，路基宽度为 25.5 米。全线设置 6 处匝道收费站、1 处主线收费站、2 处管理分中心、3 处隧道管理站、1 处停车区、3 处服务区、3 处养护工区、1 处加水站、26 处隧道变电所及 15 处消防泵房。项目同步建设临沧连接线 6.866 公里，南美立交连接线 2.703 公里。临沧连接线采用一级公路标准建设，设计速度 40 公里 / 小时，路基宽度 23 米；南美立交连接线采用二级公路标准建设，设计速度 40 公里 / 小时，路基宽度 8.5 米。

3. 项目建设期和运营期

根据临沧临翔至清水河高速公路项目可行性研究成果及初步设计批复，本项目建设工期为4年。项目一期工程于2016年7月5日开工，二期工程于2018年4月全面开工；目前项目正处于紧张建设中，结合实际情况，项目建设期调整为2018年—2021年。项目运营期为30年，即2022年—2051年。为更好地匹配项目资金需求和期限，本项目债券存续期确定为30年，因此，本项目计算期取2020年—2050年。

4. 债券概况

云南临沧临清高速公路有限公司计划建设临沧临翔至清水河高速公路建设项目，拟发行专项债券250,000万元，其中2020年第一批（本次）拟发行200,000万元，2020年第二批拟发行50,000万元，品种为记账式固定利率附息债券，全部为新增专项债券，专项债券期限均为30年，利率按4.8%计，利息按半年支付，到期一次性偿还本金，债券发行费用按发行面值的1‰计。

5. 项目投资估算

根据《云南省交通运输厅关于临沧临翔至清水河高速公路二期工程（K15+300—K127+100段）初步设计和交通工程、沿线设施及概算的批复》（云交基建〔2017〕183号），本项目概算总投资为2,256,663.59万元。因本项目组合使用专项债券和市场化融资，项目融资成本变化财务费用增加37,782.48万元，项目总投资调整为2,293,346.07万元。

6. 资金来源

本项目资金来源包括财政预算安排资金、专项债券资金、市场化融资资金和其他来源资金（政府出资代表投资资金、省级补助、单位自有资金等）。

7. 预期收益

项目收入来源于车辆通行费收入和其他综合收入（沿线服务区、加油站、广告等营运收入和沿线开发收入）。本项目债券存续内运营收入合计

6,641,111.63 万元，其中通行费收入 5,549,944.06 万元（其中用于偿还专项债收入 769,985.59 万元），其他综合收入 92,267.57 万元。

8. 运营成本

运营成本包括日常管养维护费（含人工、管理、养护、绿化、保洁、水电、抢险及中修等费用）和大修费用。参考省交通运输厅国高网（四车道高速公路）管理养护费用。根据项目养护、大修等相关标准，项目债券存续期内运营成本（不含税）总额为 399,926.26 万元，其中日常管养维护费 238,837.54 万元，大修费 160,088.72 万元。

9. 相关税费

本项目债券存续期应缴纳相关税费总额为 301,172.16 万元。

10. 资金测算平衡情况

经上述测算，临翔至双江高速公路建设项目债券存续期内现金流入总额为 2,251,143.20 万元，现金流出总额为 2,225,544 万元，累计现金结存额为 625,599.20 万元。专项债券本金保障倍数 3.69。

（三）案例分析

本项目在前期融资规划中，紧贴国家最新政策，灵活运用政策，打出了一套组合拳，破解了融资困境：一是根据《通知》要求，专项债券资金部分作为项目资本金使用，突破了过往关于“债务性资金不得用于项目资本金”的限制。二是融资多元化，本项目资金来源包括财政预算安排资金、专项债券资金、市场化融资资金和其他来源资金（政府出资代表投资资金、省级补助、单位自有资金等）。三是发行期限长，为更好地匹配项目期限，专项债券、市场化融资期限与项目期限保持一致长达 30 年。四是确保偿付本息。临沧市人民政府与项目单位签署相关协议并约定：项目收入实行分账管理，其中每年计提车辆通行费收入的 12% 及时足额缴入国库，纳入政府性基金预算管理，确保专项债券偿付本息。

省财政厅审核实施方案主要是对专项债方案中的收益覆盖率是否达到

1.1倍以上。具体到本次发行，初审时省财政厅认为该收费公路车辆通行费收入不能反映为政府性基金收入（即收入为企业所有的），不具备发债条件。经和项目单位、市财政局、市政府密切沟通后，把每年计提车辆通行费收入的12%及时足额缴入国库，纳入政府性基金管理，确保专项债券项目能够还本付息，经修改实施方案后报省财政厅再次审核批准后，该收费公路专项债才得以完满发行。

该债券续存期长达30年，国际经济形势、中美贸易战、人民币国际化，国内政策、法律法规等都不可避免地出现变化，不但人工、燃料、材料、税费等会有波动，通行车辆流量会有涨跌，连免通行费日期也会随国家发展进行调整，从测算角度出发，预测30年期的客货流量还是非常困难的，单一的预测方法已经不能准确的预判，往往用到多种工程咨询的方法，比如：滑动平均模型（MA）、自回归模型（AR）、自回归滑动平均模型（ARMA）、极大似然（ML）估计模型及神经网络，等等。

建议密切关注在债券存续期内项目建设、实际车流量、收费标准、成本费用情况及周转债券的发行等情况，特别是现金流不及预期的风险，以确保专项债券还本付息资金的充足、稳定。

后续：受新型肺炎疫情的影响，今年各行各业相比往年都呈现出低迷的趋势，为了减少老百姓们的负担，年初时国务院就下达了全国高速免费的通知，从2020年2月17日0时开始直到疫情结束，在此期间全国上下收费公路对所有车型（包含桥梁、隧道）免费通行，促进企业复工复产，保障经济稳定发展，更好的服务疫情防控工作。初步估计收费公路的收费回复时间大约在5月中旬，交通运输部表示将根据相关法律法规规定，另行研究出台相关配套保障政策，统筹维护收费公路使用者、投资者、债权人、经营者的合法权益。

第四节　教育专项债

（一）政策要求

2018 年 3 月 26 日财政部下发的《关于做好 2018 年地方政府债务管理工作的通知》中提出，优先在重大区域发展以及乡村振兴、生态环保、保障性住房、公立医院、公立高校、交通、水利、市政基础设施等领域选择符合条件的项目，积极探索试点发行项目收益专项债券。

2018 年 8 月 15 日，陕西省省级教育类项目收益专项债券（一期）成功通过财政部上海证券交易所政府债券发行系统公开招标发行，这是陕西省首次发行教育类项目收益专项债券，也是在上交所发行的第一单教育类项目收益专项债券。上交所表示，该专项债进一步丰富了地方政府债券品种，有利于完善政府债券发行机制、提升地方政府债券市场化程度。

（二）案例介绍

案例：2020 年云南省普洱市教育类专项债券（一期）——2020 年云南省政府专项债券（七期）

本次债券共包含 3 个项目，本期发行专项债券 4.9 亿元，期限 10 年，其中景谷县高级职业中学项目专项债券发行 5,000 万元，普洱市镇沅职业中学建设项目专项债券发行 5,000 万元，普洱职业教育分中心建设项目专项债券发行 39,000 万元。以下介绍按普洱职业教育分中心建设项目为例。

1. 项目情况

项目单位：普洱职业教育分中心。

项目名称：普洱职业教育分中心建设项目。

项目区位：

A. 项目地点：澜沧县芭蕉林木材交易中心原址，澜沧县勐朗镇

唐胜村芭蕉林村民小组东侧地块。

B. 场址占地面积：138,391 ㎡（207.59 亩）。

C. 土地取得方式：根据《中华人民共和国物权法》《中华人民共和国土地管理法》和《中华人民共和国土地管理法实施条例》

的规定，本宗国有建设用地业经依法批准，决定以划拨方式提供。

D. 土地用途：科教用地。

2. 项目建设内容和产出

A. 建设目标

按照云南省人民政府贯彻落实国务院关于加快发展现代职业教育的实施意见，通过本项目的有效实施，在 2021 年将普洱职业教育分中心建设成为设施一流、管理规范、特色鲜明、具有较强竞争力和较大影响的现代化综合性职业教育学校。

B. 建设内容

本项目建设内容为普洱职业教育分中心一期项目，包含第一实训楼、第二实训楼、图书中心、体育馆、学生活动中心、教学业务用房、食堂、宿舍楼及地下室。总建筑面积约为 119,100 平方米。远期澜沧“十四五”规划中将增加二期工程，包含三幢学生宿舍，预估面积为 7,000 平方米。届时办学规模将达 8,000 人，其中在籍 8,000 人（高三 2,000 人顶岗实习），在校 6,000 人。

3. 项目建设期和运营期

本项目建设期为 2019 年至 2021 年，运营期为 2021 年至长期，计划 2020 年发行专项债券 39,000 万元，发债期限 10 年。因专项债券和市场化融资期限小于运营期，因此，本项目取计算期 2019 年至 2030 年。

4. 债券概况

普洱职业教育分中心建设项目专项债券发行总额为 39,000 万元，品种为记账式利率付息债券，全部为新增专项债券，专项债券期限为 10 年，利率 4.5%，利息按半年支付，本金到期一次偿还。

5. 项目投资估算

根据普洱职业教育分中心建设项目可行性研究报告的批复，本项目总投资为 47,713.19 万元，项目建筑安装工程费用 40,711.84 万元、设备及工器具购置费 1,280 万元、工程建设其他费用 3,349.60 万元、预备费 2,371.75 万元。

6. 资金来源

项目总投资为 50,238.44 万元，其中通过财政预算安排 11,238.44 万元，占总投资的 22.37%。文件澜政复〔2019〕244 号载明，目前已到位 1,960 万元，计划 2020 年到位 7,115.25 万元，计划 2021 年到位 2,163.19 万元，计划 2020 年发行专项债券 39,000 万元。

7. 项目收入

①学生学费

2021 年计划在校生 2,000 人；2022 年计划在校生 4,000 人；2023 年至 2025 年预计每年在校生 6,000 人；2026 年及以后年度在校生 8,000 人。

根据（财科教〔2019〕19 号）文件规定：中职教育在校生中所有农村学生、城市涉农专业学生和家庭经济困难学生免除学费（艺术类相关表演专业学生除外）。学校艺术类、汽修、烹饪、高铁等可以收费的热门专业中减掉免学费学生，收费对象预计为 15%，学费按 2,000 元 / 人 / 年计。

②校企合作：通过校企合作，与工程公司合作年收入 300 万元、与农业公司合作年收入 250 万元、与汽车服务公司合作年收入 200 万元。通过组建礼仪队服务与民族歌舞表演队，承接礼仪服务及民族歌舞表演业务，年预计 300 万元。充分利用种植基地，种植蔬菜、花卉、中草药等，年预计 400 万元。充分利用养殖基地，养殖牛、羊、梅花鹿、猪等，年预计 450 万元。进行汽车修理、建筑工程、劳动力转移等职业技术、技能培训，年预计 480 万元。与高职院校合作办成人专科、本科学历班，每年招生 3,000 人，学费每年按 4,000 元 / 生测算，年预计 1,200 万元。与酒店签订合作协议，预计每年收入 200 万元。与农业公司合作，预计每年收入

400 万元。与养殖公司合作预计每年收入 400 万元。与大众商贸公司合作预计每年收入 350 万元。

③学生住宿费：住宿费按 350 元 / 生测算，2021 年计划在校生 2,000 人；2022 年计划在校生 4,000 人；2023 年至 2025 年预计每年在校生 6,000 人；2026 年及以后年度在校生 8,000 人。

④食堂承包费：按照学校与食堂承包商签订的合同，一食堂 160 万元 / 年、二食堂 160 万元 / 年，风味餐厅承包 100 万元 / 年，三个食堂年预计 420 万元 / 年。

⑤超市承包费：按照学校与超市承包商签订的合同，按 80 万元 / 年计。

⑥场地出租费：年预计共 466.68 万元

A. 教学楼（13,000 元 / 天 ×60=780,000 元）

教室 65 间，出租费按 200 元 / 天 / 间，收入：65×200=13,000 元 / 天。

B. 图书中心（1,500 元 / 天 ×60=90,000 元）

合班教室：1 间；多媒体：2 间；出租费按 500 元 / 天 / 间，收入：3×500=1,500 元 / 天。

C. 体育馆（4,300 元 / 天 ×（60+96）=670,800 元）

a. 乒乓球室：1 间，出租费按 500 元 / 天测算，收入：1×500=500 元 / 天。

b. 形体室：1 间，出租费按 800 元 / 天测算，收入：1×800=800 元 / 天。

c. 健身房：1 间，出租费按 1,500 元 / 天测算，收入：1×1500=1,500 元 / 天。

d. 室内篮球场：1 个，出租费按 1,500 元 / 天测算，收入：1×1500=1,500 元 / 天。

D. 会堂（1,500 元 / 天 ×（60+96）=234,000 元）

报告厅：1 个，出租费按 1500 元 / 天测算，收入：1×1500=1500 元 / 天。

E. 教学辅楼（1,600 元 / 天 ×60=96,000 元）

合班教室：2 间，出租费按 800 元 / 天测算，收入：2×800=1,600 元 / 天。

F. 旅游实训楼（6,200 元 / 天 ×60=372,000 元）

客房：31 间，出租费按 200 元 / 天测算，收入：31×200=6,200 元 / 天。

G. 篮球场、羽毛球场、排球场（9000 元 / 天 ×（60+96）=1,404,000 元）共有 18 块，出租费按 500 元 / 天 / 块测算，18×500=9,000 元 / 天。

H. 普通话等级考试场地及设备租赁

年考证人数以 3,000 人计算，场地及设备租赁费以 80 元 / 人测算，3000×80=240,000 元，年预计：240,000 元。

⑦函授教育收费

每年招生函授教育类学生计 400 人，学费 3,000 元 / 人 / 年，总计每年收入 120 万元。

⑧成人职高班

每年招生成人教育类学生计 500 人，学费 2,000 元 / 人 / 年，总计每年收入 100 万元。

8. 项目运营成本

根据项目可研成果，普洱市职业教育分中心建设项目运营成本主要包括水电费、办公费、维修费。经测算，项目计算期内运营成本为 5,981 万元，学校每年收到的教育附加费、免学费补助资金可用于抵扣办学经费。抵扣后，项目计算期内无额外运营成本。

9. 相关税费

本项目涉及的相关税费包括增值税、城建税、教育附加税和地方教育费附加税。根据食堂及超市承包合同，增值税按照食堂承包费、超市承包费、校企合作总值的 6% 来计算，城建税按照增值税的 5% 测算，地教附加按照增值税的 2% 来计算。

10. 项目可偿债收益

普洱市职业教育分中心建设项目债券存续期可实现收入为 66,622.69

万元；项目运营无额外成本，占用项目偿债收益的相关税费为4,423.52万元，则项目可偿债收益为62,299.17万元。即：项目可偿债收益＝项目收入－项目运营成本占用项目偿债收益的相关税费＝66,622.69-0-4,423.52＝62,299.17万元。

11. 资金平衡

经计算，期末累计现金结存额为7,704.17万元，能够实现项目收益和融资自求平衡。

专项债券本息保障倍数=项目可偿债收益/专项债券本息=1.11

专项债券本金保障倍数=项目可偿债收益/专项债券本金=1.60

（三）案例分析

项目建成后将大力改善普洱市次区域中心职业教育办学条件，全面提升次区域中心职业教育水平。项目的建设不但促进了澜沧县职业高中自身的发展，为澜沧县培养职业技术人才起到了有力的促进作用，而且提高了人才素质，为澜沧县人民带来良好的经济效益、社会效益。

本项目是中等职业教育校园建设项目，对教育类项目的测算影响最大的一是收入，二是运营成本。针对具体的职业教育项目，可以深度挖掘的收入有：学生学费、学生住宿费、食堂承包费、超市承包费、场地出租费（各种教室、会堂、报告厅等）、函授教育收费、成人职高班、校企合作等；运营成本主要包括水电费、办公费、维修费，特别注意的学校是财政全额拨款的事业单位，本次测算暂不考虑工资及福利、管理费及其他费用。该部分费用由财政足额保障，申报项目时一般要附当地教育主管部门出具的不纳入运营成本证明文件。

值得注意的是投入一定资金后，如果市场需求发生变化，可能影响最终收益与预期收益。

第五节　医疗卫生专项债

（一）政策要求

2017 年国家发改委印发了《社会领域产业专项债券发行指引》（发改办财金规〔2017〕1341 号）与《农村产业融合发展专项债券发行指引》，其中值得注意的是，社会领域产业专项债券中，重点包括了健康、养老、教育、文化、体育、旅游等产业。

2018 年 3 月 26 日财政部下发的《关于做好 2018 年地方政府债务管理工作的通知》中提出，优先在重大区域发展以及乡村振兴、生态环保、保障性住房、公立医院、公立高校、交通、水利、市政基础设施等领域选择符合条件的项目，积极探索试点发行项目收益专项债券。

2018 年 9 月 13 日，青海省将通过财政部上海证券交易所政府债券发行系统公开招标发行 33 亿元地方政府债券，其中包括 6 亿元的医疗卫生专项债券。据了解，青海省的医疗卫生专项债券若发行成功，将是我国首单医疗卫生专项债券，同时也将是第十二类专项债券。据上交所公开披露文件显示，青海省本次募集资金主要用于青海省第五人民医院整体搬迁项目、青海大学附属医院门诊就诊综合业务楼项目、青海省人民医院全科医生临床培养基地、藏区区域医疗中心项目，项目预期收益主要来自门诊收入及住院收入。

（二）案例介绍

案例：2020 年云南省个旧市人民医院综合大楼建设项目专项债券

1. 项目基本情况

项目单位：个旧市人民医院

项目名称：个旧市人民医院综合大楼建设项目

项目区位：个旧市金湖南路 17 号个旧市人民医院院内

项目建设目标：项目的建设，将有效地解决个旧市人民医院业务用房紧张的问题，提高医院在医疗、预防、保健、康复和急救等方面综合服务能力，引导当地医疗事业向高水平的方向发展，从而进一步提高医疗服务水平和各专业多元化服务，为当地群众营造良好的就医环境，从根本上保障人民群众的健康，有效促进个旧市医疗卫生事业的发展。

建设内容：新建一幢综合大楼 38,821 平方米，主要包含住院、医技、保障系统、核医学科等功能，并配套建设相应的附属设施。

项目建设期和运营期：本项目建设期为 2015 年 10 月至 2021 年 1 月，计划 2020 年 1 月发债，存续期 5 年，因此，纳入本方案建设期为 2020 年 1 月—2021 年 1 月。因专项债券期限小于运营期，因此，本方案运营期为 2021 年 1 月—2025 年 1 月。综上，本方案计算期为 2020 年 1 月—2025 年 1 月。

2. 投资估算

根据《红河州发展和改革委员会关于个旧市人民医院综合大楼建设项目初步设计的批复》（红建发〔2015〕81 号），本项目总投资为 10,067.09 万元，投资构成详见下表：

表 4–5 可研总投资

序号	工程或费用名称	估算金额（万元）
1	工程费用	9,911.79
2	工程建设其他费	387.37
3	预备费	767.93
4	总投资	10,067.09

因本项目融资成本变化，增加项目前期费用 20 万元，财务费用增加 184 万元，项目总投资调整为 10,071.09 万元。

表4-6 资金筹措计划 （单位：万元）

项目总投资	资本金			融资	
	财政预算安排	发行专项债券用于项目资本金	其他来源（含单位或社会资本方自有资金等）	专项债券	市场化融资
10,071.09	4,400.00		2,271.09	4,400.00	

3. 项目收入

该项目收入依靠综合大楼住院收入和门诊收入方式实现。

①住院收入

根据个旧市人民医院住院部近三年相关数据可知，2016 年 ~2018 年每年每床住院人数平均值为 36 人，住院费用平均值为 10,148 元 / 床 / 次。项目建成后综合大楼编制床位数 620 张，每年每床住院人数平均值 33 人，住院费用平均值 5,000 元 / 床 / 次。

②门诊收入

根据个旧市人民医院门诊部近三年相关数据可知，2016 年—2018 年日门诊人数平均值为 1,253 人，年均增长 5.99%，门诊人均消费 237 元。项目建成后综合大楼日门诊人数约为 200 人，以后每年按 5% 递增，门诊费用 200 元 / 人次。

4. 运营成本

主要有原辅材料、燃料及动力、职工工资、修理费、其他费用组成，年均 103,503.08 万元。按照固定资产原值的 2% 计算。其他费用主要为管理费用和提取医疗风险基金，分别按照收入的 9% 和 0.3% 计。

5. 相关税费

本项目为公立医院项目，按照相关税收政策，本项目免税。

6. 专项债券还本付息情况

个旧市人民医院综合大楼建设项目专项债券，发行金额 4,400 万元。拟定债券票面利率 4.5%，期限 5 年，在债券存续期每年年末支付债券利息。每年付息 180 万，2025 年一次还本付息 4,180 万元。

7. 专项债券本息保障倍数

专项债券本息保障倍数 = 项目可偿债收益 / 专项债券本息 =1.24

专项债券本金保障倍数 = 项目可偿债收益 / 专项债券本金 =1.51

本息保障倍数是反映项目偿债能力的指标，本息保障倍数大于 1，说明项目具备偿债能力，且指标越高，偿债能力越强。本项目中专项债券本息保障倍数通过可用于还本付息的项目收益与债券本息合计的比值算出，本项目债券本息保障倍数为 1.24。

（三）案例分析

项目建成后，对提高医疗质量、拓宽医疗业务范围、满足新时期广大人民群众对医疗保健的需求有着十分重要的意义。广大群众就医更加方便，是一项利民惠民的工程，是促进区域经济社会和谐发展的重要措施。

医院类建设项目的偿还本息来源主要是把住院、门诊收入作为后续资金回笼手段，为项目提供了稳定的现金流入，满足了医院建设项目专项债券实施方案还本付息的要求。

第六节　产业园区专项债

2018 年 8 月 15 日，公司接到泸州市纳溪经济开发区管理委员会邀请，当天即安排咨询团队飞往四川，就泸州数字经济产业园发债可行性进行商讨。16 日下午管委会主任召集国土、规划、环保、财政、住建、发改、城投公司及中政智信咨询团队一行 6 人召开了项目第一次会议。咨询团队就本项目的实施情况及实施范围和政府部门进行了深入广泛的探讨，我结合以往的项目经验、当地园区的实际情况及广西发债形势，提出了整体打包，囊括园区市政配套，分期开发的方案，获得了管委会领导的高度认可。该项目实施方案几经波折，最后成功发行。

（一）政策要求

从2017年开始的棚户区改造、收费公路到2018年的土地储备专项债，财政部对其进行了单独的文件管理，而园区类的政策文件则较为少见，大多散见于各个部门行文中。一是因为园区的概念太大，包含内容较多，二是园区的定位，是否符合当前专项债的支持范围都有争议，所以针对性单独管理文件没有。

国务院总理李克强9月4日主持召开国务院常务会议，部署精准施策加大力度做好“六稳”工作；确定加快地方政府专项债券发行使用的措施，带动有效投资支持补短板扩内需。为加快发行使用地方政府专项债券，会议确定，一是根据地方重大项目建设需要，按规定提前下达明年专项债部分新增额度，确保明年初即可使用见效，并扩大使用范围，重点用于铁路、轨道交通、城市停车场等交通基础设施，城乡电网、天然气管网和储气设施等能源项目，农林水利，城镇污水垃圾处理等生态环保项目，职业教育和托幼、医疗、养老等民生服务，冷链物流设施、水电气热等市政和产业园区基础设施。

（二）案例介绍

案例：泸州数字经济产业园项目收益与融资自求平衡专项债券项目

1. 项目基本情况

实施机构：泸州市纳溪经济开发区管理委员会

项目业主：泸州纳川园区投资有限公司

本项目位于泸州市纳溪区经济开发区，属于园区综合开发建设领域。具体内容包括土地平整、基础设施工程、标准化厂房建设、双创服务中心和配套商业用房等多类项目。项目的主要内容为：土地平整及征收补偿2,774亩、市政道路32m×3,704m、市政道路24m×6,508m、市政道路16m×936m、市政道路12m×8,138m、建设多层标准化厂房65万m^2、单层标准化厂房（西部绿色智能住宅产业园 A 区厂房）4.75 万 m^2、创新创业服务中心 1.4 万 m^2 和配套商业开发 36.6 万 m^2 等。

本项目总投资 396,658.46 万元，其中工程费用 33,3956.04 万元，工程建设其他费用 18,861.05 万元，预备费 28,853.37 万元，建设期发债利息 15,550 万元，债券发行费用 938 万元。

2. 计划发行

本项目总投资为 396,658.46 万元，项目资本金为 256,658.46 万元，占总投资的 64.71%，按年度建设需求从政府财政预算安排。

通过拟发行专项债券筹集共计 140,000 万元。占总投资的 35.29%。

参考目前国债五年期票面年利率 3.33%，三年期票面年利率 3.26%，以及四川地区同类债券利率，本次拟发行利率暂取 4.5%。专项债券拟发行计划如下表所示：

表 4–7　发行计划安排　　（单位：万元）

计划发行专项债券金额	2018 年		2019 年	
	发行金额	期限	发行金额	期限
14,000	7,000	7 年	7,000	7 年

开发进展：本项目为整体区域开发项目，已根据泸州市总体规划编制控制性规划，列入纳溪区未来开发计划。采用总体规划分步实施的方式进行开发建设，其中西部绿色智能住宅产业园 A 区厂房及配套设施建设（一层标准化厂房）和 6 条基础设施工程建设可研报告已完成编制且批复，双创服务中心项目可研报告正在组织编制，其他子项目可研报告陆续编制。

3. 开发次序

本项目建设期为 5 年分三期建设。2016 年开始本项目前期工作，各子项目根据总体进度安排，交叉进行：完成项目土地征收计划编制；各项前期手续报批、规划及审批、用地及审批、可研报告编制及审定、项目初步设计等工作。

表 4-8　分期开发实施安排

一期建设				
土地征收				
商业用地（亩）	工业用地（亩）	商品住宅用地（亩）	公共基础设施用地（亩）	合计（亩）
120.52	413.32	199.60	376.16	1,109.60
工程建设				
一层标准化厂房（万 m^2）	多层标准化厂房（万 m^2）	双创服务中心（万 m^2）	商业配套开发（万 m^2）	道路工程（m）
4.75	26	1.4	14.64	19,286
二期建设				
土地征收				
商业用地（亩）	工业用地（亩）	商品住宅用地（亩）	公共基础设施用地（亩）	合计（亩）
82.40	223.74	149.70	376.36	832.20
工程建设				
一层标准化厂房（万 m^2）	多层标准化厂房（万 m^2）	双创服务中心（万 m^2）	商业配套开发（万 m^2）	道路工程（万 m^2）
0	19.5	0	10.98	0
三期建设				
土地征收				
商业用地（亩）	工业用地（亩）	商品住宅用地（亩）	公共基础设施用地（亩）	合计（亩）
82.40	223.74	149.70	376.36	832.20
工程建设				
一层标准化厂房（万 m^2）	多层标准化厂房（万 m^2）	双创服务中心（万 m^2）	商业配套开发（万 m^2）	道路工程（万 m^2）
0	19.5	0	10.98	0

资金使用计划：

表 4-9　泸州数字经济产业园资金使用　　（单位：万元）

	时间					
年份	2018	2019	2020	2021	2022	合计
资金投入	79,951.69	79,951.69	79,951.69	79,951.69	79,951.70	396,658.46

4. 预期收益：

（1）出让面积

泸州数字经济产业园项目位于纳溪区经济开发区，根据纳溪区规划，有商住用地、工业用地、市政公共用地和其他用地。其中可用于出让的商品住宅用地面积为 499 亩，可用于出售的多层标准化厂房面积为 60 万 m^2，可用于租赁的多（单）层标准化厂房面积为 9.75 万 m^2，可用于租赁的双创服务中心面积为 0.6 万 m^2，可用于出售的配套商业面积为 30 万 m^2，可用于租赁的配套商业面积为 6.6 万 m^2。

（2）项目收入的分类

本项目包括土地出让收入、房屋出售收入及房屋租赁收入组成。其中 499 亩土地出让收入计提 10% 作为政府性基金收入；专项收入有标准化厂房 60 万 m^2 和配套商业用房 30 万 m^2 的出售收入；双创服务中心 0.6 万 m^2、标准化厂房 9.75 万 m^2 和配套商业用房 6.6 万 m^2 的租赁收入。

（3）项目收入预测

1）土地出让收入：可出让面积、计划及收入

泸州纳溪数字产业园项目位于纳溪区经济开发区，拟征收土地 2774 亩，根据纳溪区规划，有商住用地、工业用地和市政公共用地。其中可出让的商品住宅用地为 499 亩。预计到 2019 年可出让的商品住宅用地为 100 亩、2020 年可出让的商品住宅用地为 150 亩、2021 年可出让的商品住宅用地为 150 亩，2022 年可出让的商品住宅用地为 99 亩。

表 4–10　分期出售计划安排

序号	年度	比例	亩数
1	2019	20%	100
2	2020	30%	150
3	2021	30%	150
4	2022	20%	99
合计			499.00

表 4-11 土地出让收入

年份	2019	2020	2021	2022	合计
出让面积（亩）	100	150	150	99	499
出让面积占比（%）	20.04	30.06	30.06	19.84	100
出让收入（万元）	28,000	42,000	42,000	27,720	139,720
计提基金收入（万元 / 出让收入的 10%）	2,800	4,200	4,200	2,772	13,972
净收入（万元）	27,720	37,800	37,800	24,948	125,748

2）标准化厂房收入

建设多层标准化厂房的面积为 65 万 m^2，占地为 745.8 亩；一层标准化厂房面积为 4.75 万 m^2，占地为 115 亩。根据项目进度分批竣工验收并投入使用，其中可用于出售的多层标准化厂房面积为 60 万 m^2；可用于租赁的标准化厂房面积为 9.75 万 m^2，。

3）标准化厂房出租收入

泸州纳溪数字产业园项目拟建设多层标准化厂房的面积为 65 万㎡，占地为 745.8 亩；一层标准化厂房面积为 4.75 万㎡，占地为 115 亩。根据项目进度分批竣工验收并投入使用，其中可用于租赁的标准化厂房面积为 9.75 万㎡。每年的标准化厂房出租计划及出租单价按照相关文件的规定以及参考类似项目相似厂房出租的实际情况，结合本项目特色等因素进行综合预测。出租收入估算假设为以前年度产生的租金收入，在以后年度会有持续产出。

4）双创服务中心收入

建设双创服务中心的面积为 0.6 万 m^2，占地为 10.6 亩。于 2020 年投入出租 0.2 万㎡，2021 年投入出租剩余 0.4 万㎡，即 2021 年起，0.6 万㎡均投入出租。根据泸州相近地段相似类型项目的出租价格合理预测，保守估算出租单价为 240 元 / ㎡ / 年。预测的双创服务中心办公用房出租收入总计为 768 万元。

5）配套商业收入

建设配套商业的面积为 36.6 万 m^2，占地为 274.8 亩。根据项目进度分批竣工验收并投入使用，其中可用于出售的配套商业面积为 30 万 m^2；可用于租赁的配套商业面积为 6.6 万 m^2。每年的商业用房出租及出售计划和出租及出售单价按照相关文件的规定以及参考类似项目相似厂房出售的实际情况，结合本项目特色等因素进行综合预测。用于出售的 30 万㎡商业用房出售。

6）物业管理收入

对于前述用于出租的标准化厂房、用于出租的配套商业及用于出租的双创服务中心办公用房，园区提供物业管理服务。根据泸州相近地段相似类型项目的出租价格合理预测，以各年出租的配套商业用房产生收入的 4% 及出租标准化厂房和双创服务中心办公用房合计收入的 6% 计算物业管理收入。预测的物业管理收入总计为 789.84 万元。

7）土地返还收入

根据川财综［2004］43 号、川财综［2007］27 号、川财综［2011］44 号、川财综［2011］50 号、川财预［2012］71 号文件规定，泸州市纳溪区财政局 2018 年 8 月测算的国有土地出让收入计提相关基金情况的统计，纳溪区针对土地出让净收益，以占比该收益 10% 的金额返还至项目，即形成土地返还收入。

前述出让商品住宅用地形成的合计收入 125,548 万元，扣减对应土地出让合计成本 19,960 万元，形成该行为对应的土地出让净收益 105,588 万元。根据返还比例计算，形成土地返还收入 95,509.20 万元。

8）各项收入合计

本项目包括土地出让收入、房屋出售收入、房屋租赁收入组成及物业收入。其中 499 亩土地出让收入计提 10% 作为政府性基金收入；专项收入有标准化厂房 60 万㎡和配套商业用房 30 万㎡的出售收入；双创服务中心 0.6 万㎡、标准化厂房 9.75 万㎡和配套商业用房 6.6 万㎡的租赁收入；累计收入为 562089.84 万元。

成本核算：本项目经营成本包括付现成本以及非付现成本两类。付现成本主要包括土地征收款及工程支出、形成固定资产的部分产生的修理费用、其他直接费用及管理费用、相关税费以及发债利息。

5. 资金平衡测算

本项目收入构成为专项收入以及土地成本返还和土地收益返还收入，其中专项收入包括标准化厂房收入、双创服务中心收入、配套商业收入。

本项目债券存续期 7 年累计工程项目投入为 396,658.46 万元，累计运营成本支出 27,753.75 万元，累计项目发债利息为 44,400 万元，合计付现成本总计为 468,812.21 万元。本项目全部 140,000 万元专项债到期时，在偿还当年到期的债券本息后，将仍有 379,959.70 万元的累计现金结余。期间将不存在资金缺口。

根据资金平衡测算分析，在满足估算条件的前提下，以 140,000 万元债券拟发行计划为基础，累计偿还债券本金和支付利息 184,400 万元，累计项目收入为 657,799.04 万元，到期预计可达到的资金覆盖保障倍数为 2.06 倍。因此，本项目还本付息资金充足。

（三）案例分析

产业园区包含子项目众多，包括土地平整、基础设施工程、标准化厂房建设、双创服务中心和配套商业用房等多类项目标准化厂房、用于出租的配套商业及用于出租的双创服务中心办公用房；规划用地分商住用地、工业用地和市政公共用地。本项目收入构成为专项收入以及土地成本返还和土地收益返还收入，其中专项收入包括标准化厂房收入、双创服务中心收入、配套商业收入。综合园区类大型投资项目对怎么策划非常重要，子项目少了只能建设园区一部分，达不到带动作用；打包子项目过多，尤其是没有任何经营性收益的市政类的子项目，会整体拉低本息覆盖倍数，很可能导致项目达不到广西壮族自治区财政厅对自平衡专项债的本息覆盖倍数最低 1.2 要求，以至于达不到申报条件不能申报。在业主强烈要求下，本项目经多次测算调整，结合周边产业园区招商引资情况，合理预估预期收益，最终成功申报发行。

第七节　乡村振兴专项债

（一）政策要求

“农，天下之大业也。”党的十九大提出实施乡村振兴战略，并写入党章，在我国“三农”发展进程中具有划时代的里程碑意义。乡村振兴战略是习近平同志2017年10月18日在党的十九大报告中提出的战略。十九大报告指出，农业农村农民的问题是民生的根本问题，我们必须始终以解决三农问题作为全党工作的重中之重，以实施振兴农村农业的国家战略，加快全国农业大前锋的重大战略举措，为我国做好新时代背景下的“三农”工作提供了根本遵循，加快由农业大国的重大战略向前迈进，实现农业强国。

2018年2月4日，《中共中央国务院关于实施乡村振兴战略的意见》发布，乡村振兴是以农村经济发展为基础，包括农村文化、治理、民生、生态在内的乡村发展水平的整体性提升，是乡村全面的振兴。按照党的十九大提出的“产业兴旺、生态宜居、乡风文明、治理有效、生活富裕”的总要求，对统筹推进农村经济建设、政治建设、文化建设、社会建设、生态文明建设和党的建设，中央一号文件都做了全面部署。

《中共中央国务院关于实施乡村振兴战略的意见》文件对解决“钱从哪里来的问题”有全面的谋划：确保财政投入持续增长，提高金融服务水平，拓宽资金筹集渠道。改进耕地占补平衡管理办法，建立高标准农田建设等新增耕地指标和城乡建设用地增减挂钩节余指标跨省域调剂机制，将所得收益通过支出预算全部用于巩固脱贫攻坚成果和支持实施乡村振兴战略。

2018年以来全国各地如火如荼的响应习总书记的号召，开展了乡村振兴战略的实践，尽管各地热情高涨，但是在巨大的资金缺口面前，各地建设进度快慢不一，资金的来源成为制约建设的屏障。财政部发文要求各地因地制宜，坚定支持国家乡村振兴战略，按照资金跟着项目走的原则，积极拓宽资金实施范围，稳定投资，保障经济平稳运行，建设美丽乡村。

（二）案例介绍

案例：2019年江西省政府乡村振兴（高标准农田建设）专项债券（一期）—2019年江西省政府专项债券（十三期）鹰潭市项目实施方案

1. 项目提出背景

江西是农业大省，是我国南方水稻主产区之一，省里用于农田基本设施建设的资金由于涉及部门对投入和建设标准不一，造成资金分散、建设项目不配套等问题。为提高资金使用效率，省政府决定对涉农资金进行整合，集中支持全省粮食主产区高标准农田建设，通过实施连片开发，形成规模优势，改善生产条件，把中低产田改造成高产田。通过科技提升，让高产田产量再上新台阶。

2. 项目建设地点

周坊镇峧脚村、故港村，白天乡斐家村、小田村、北山村、河滩垦殖场，和毯子丰田村，金屯镇高公村等16个乡镇，2个垦殖场，28个村，4个分场。

3. 项目总投资

本次鹰潭市高标准农田发债项目共涉及2个区（市），总投资为14,510.63万元，本期发行专项债券4,498万元，自筹及省统筹资金10,012.63万元。资金偿还来源主要是新增耕地指标以及新增产能收入。

表 4-12　2019 年高标准农田债券募投情况

市	县	项目总投资（万元）	资金筹措方式（万元）		偿债资金来源	本息覆盖倍数
			本期发行	自筹及统筹		
鹰潭市	贵溪市	7,269.34	2,059.00	5,210.34	新增耕地指标、新增产能收入	2.85
	余江区	7,241.29	24,39.00	4,802.29	新增耕地指标、新增产能收入	2.32

预计新增耕地（以下数据按贵溪市编写）：高标准农田建设规模 2.25 万亩，灌溉面积 2.25 万亩；预计新增耕地 0.03 万亩；建设前耕地平均质量等别为 6.80 等，建设后耕地平均质量等别为 6.66 等；根据《土地整治和高标准农田建设项目新增耕地核定技术要求》（试行）全市预计新增产能 274.93 万公斤。

贵溪市项目发改批复总投资 7,269.34 万元，其中施工费 6,551.29 万元，占总投资 90.12%；项目独立费用 673.04 万元，占总投资 9.25%。

资金来源：自筹 3473.34 万元（比例 47.78%）；申请高标准农田建设专项债券 2,059 万元（比例 28.32%），财政补贴 1737 万元（比例 23.89%）

发行计划：贵溪市 2018 年高标准农田建设项目发行专项债券 2,059 万元，暂按创新品种的方式发行，假设本期债券票面利率 4%，期限 5 年，债券存续期按年支付利息，到期一次性归还债券本金，自发行之日起 5 年债券存续期内每年还利息 82.36 万元，第 5 年还本 2,059 万元、利息 82.36 万元。

4. 预期收益

项目收入主要包括：新增耕地指标、新增产能收入。根据江西省人民政府办公厅《关于印发江西省城乡建设用地增减挂钩节余指标调剂实施细则和江西省跨设区市补充耕地省级统筹调剂管理办法的通知》（赣府厅发［2019］13 号）文件，指标调出价格标准为：数量基准价：旱地、旱改水每亩 4 万元，水田每亩 8 万元；产能价根据农用地分等定级成果对应的标准粮食产能确定，每亩每百公斤 0.8 万元。调剂范围为：高标准农田建设中新增耕地（水田、旱改水）指标的 15%、新增产能指标的 30%，纳入省级调剂库用于省域内调剂。新增建设用地使用费收入按照近三年新增建设用地土地使用费收入平均值进行预测。

表 4–13　项目运营期收入预测

序号	项目	产能实现比例		
		100%	90%	80%
1	新增耕地指标	446.12	446.12	446.12
1.1	新增水田	446.12	446.12	446.12
1.1.1	新增亩数	371.77	371.77	371.77
1.1.2	基准价	8.00	8.00	8.00
1.1.3	用于省域内调剂比例	15%	15%	15%
2	新增产能收入	6,598.26	5,938.43	5,278.61
2.1	建设高标准农田亩数	22,500.00	22,500.00	22,500.00
2.2	每亩新增产能	122.19	109.97	97.75
2.3	每亩百公斤产能价	0.80	0.80	0.80
2.4	用于省域内调剂比例	30%	30%	30%
3	可用于资金平衡的收入（1+2）	7,044.38	6,384.56	5,724.73
融资成本		2,470.80		
收入对总融资成本的覆盖倍数		2.85	2.58	2.32

5. 资金平衡情况

假设高标准农田建设完成后没有闲置，分别以新增产能指标实现100%、90%、80% 比例计算新增产能收益，加上新增耕地指标收入，可用于资金平衡的相关收益情况如下：

表 4–14　产能增速测算情况表

项目名称	增速	贵溪市
按产能指标实现	100%	7,044.38
按产能指标实现	90%	6,384.56
按产能指标实现	80%	5,724.73

覆盖倍数：据资金平衡测算分析，在满足假设条件的前提下，以

2,059 万元债券发行计划为基础，本项目预计项目收益覆盖应偿还债券本息总额倍数：按产能指标实现 100% 的情况下，本息覆盖倍数为 2.85；按产能指标实现 90% 的情况下，本息覆盖倍数为 2.58；按产能指标实现 80% 的情况下，本息覆盖倍数为 2.32。

（三）案例分析

乡村振兴专项债券目前没有对应的子目，上交所暂按创新品种的方式发行。涉农资金一直存在多头管理，导致资金使用效率低下，难以集中发挥作用，通过资金的集中管理，集中支持全省粮食主产区高标准农田建设，通过实施连片开发，形成规模优势，改善生产条件，把中低产田改造成高产田，通过科技提升，让高产田产量再上新台阶。

本案例虽然发债额度不多，但对专项债的资金使用范围做出了创新，上交所也给予积极回应，表示支持农业农村的发展。该案例本身的测算难度系数一般，重点是建设用地增减挂钩节余指标调剂及跨设区市补充耕地省级统筹补贴政策的准确把握和新增产能的产出能效从定性到定量的分析。

第八节　生态保护专项债

（一）政策要求

国务院 2015 年 4 月颁布了《水污染防治行动计划》即“水十条”，这是我国环境保护领域的重大举措之一，对我国的环境保护、生态文明建设和美丽中国建设具有深远的意义。流域水环境综合治理是“水十条”的重要组成部分，“水十条”要求到 2020 年七大重点流域水质优良（达到或优于Ⅲ类）比例达到 70%，但目前部分重点流域治理情况依然严峻。2017 年，全国地表水 1,940 个水质断面（点位）中，不及Ⅲ类水质的点位占比为 32.1%，仅同比下降 0.1 个百分点，其中，劣Ⅴ类 161 个，仍占比 8.3%，同比下降 0.3 个百分点。

财政部下发的《关于在公共服务领域深入推进政府和社会资本合作工作的通知》（财金［2016］90 号），就提到了在垃圾处理、污水处理等公共服务领域，各地新建项目要“强制”应用 PPP 模式。

财政部、住建部、生态环境部、农业农村部联合发布关于政府参与的污水、垃圾处理项目全面实施 PPP 模式的通知（财建［2017］455 号），全面实施污水垃圾 PPP。以全面实施为核心，在污水、垃圾处理领域全方位引入市场机制，推进 PPP 模式应用，对污水和垃圾收集、转运、处理、处置各环节进行系统整合，实现污水处理厂网一体和垃圾处理清洁邻利，有效实施绩效考核和按效付费，通过 PPP 模式提升相关公共服务质量和效率。以因地制宜为基础，加大引导支持力度，强化按效付费机制，政府和社会资本双方按照市场机制原则协商确定 PPP 模式实现方式。

从各地的实际操作案例来看，并不是所有的污水、垃圾等全都采用 PPP 模式推进，部分地市因环保督查压力，避开 PPP 操作流程繁琐，周期长，谈判困难等原因，直接由当地城投公司建设运营，资金则由政府性基金支出，不足部分由财政公共预算补贴。

（二）案例介绍

案例：2020 年迪庆州香格里拉市第一污水处理厂提标改造工程项目专项债券

1. 项目基本信息

香格里拉市第一污水处理厂提标改造工程项目，位于迪庆州香格里拉市西北部，香格里拉第三中学东侧，纳赤河边，占地 20.4 亩。

2. 建设目标

本项目将原污水处理厂工艺改造为 A2O 后加 MBR，以使出水稳定达到一级 A 标，从而保护香格里拉市水环境和国家自然保护区纳帕海水环境。

3. 项目建设期和运营期

本项目建设期为2019年到2021年，运营期为2022年到2041年（因专项债券和市场化融资期限小于运营期，因此，本项目取计算期15年）。

4. 项目建设总投资

根据可研报告，本项目的总投资为3,198.98万元，不包含建设期利息。因部分资金需要融资，财务费用增加242.50万元。其中，发行专项债券2,500万元，专项债券利率为4.8%，建设期利息为240万元；发行费用以发行总额的0.1%计算，债券发行费用为2.50万元。调整项目总投资为3,441.48万元，详见下表：

5. 资金筹措方案

本项目总投资约3,441.48万元，资金来源主要有财政预算安排及专项债券融资两种方式。通过市级财政预算安排941.48万元，占项目总投资27.36%，资金开工前财政安排到位。通过发行专项债券融资2,500万元，占项目总投资72.64%。

表4–15　发行计划安排　　（单位：万元）

计划发行专项债券金额	2020年		2021年	
	发行金额	期限	发行金额	期限
2,500	2,500	15年		

6. 成本及收入

运营收入：本项目运营收入主要是污水处理收费收入。根据《中华人民共和国水污染防治法》《中华人民共和国水污染防治实施细则》，本项目设计规模为1万m^3/d。结合本项目实际情况，建议按2.3元/吨收取污水处理费。

本项目的收入从进入运营期开始计算，污水处理费收入属于政府性基金收入。根据项目设计能力及处理单价，由于本项目属于提标改造工程，日均处理需求为100%。设计能力 ×365* 处理单价 = 年营业收入，预计运营期前 10 年污水处理费收入为 839.50 万元 / 年；综合考虑调价机制等其他因素，从第 11 年起，收入每年增加 1 万 / 年。

总成本：本项目的运营成本包括人员工资及福利、药剂及原材料、燃料及动力、日常检修维护、管理费等、财务费用等。经测算总成本年均 246.82 万元。

相关税费：本项目运营期间相关税费及其他费用包括土地使用税、印花税、土地增值税、所得税、增值税和城建及教育附加等税费；考虑到本项目属于污水处理提标改造项目，运营期间有相应的税费优惠政策，所得税按 25% 计算。经测算税费成本年均 148.17 万元。

7. 还本付息情况

本项目专项债券计划发行 2,500 万元，发行期限为 15 年期，根据专项债券发行情况，专项债券利率按照 4.8% 测算。偿债方式为分期付息年利息 120 万元，，计算期末到期还本 25,002 万元，债券本息合计为 4,300 万元。

8. 专项债券本息保障倍数

项目可偿债收益累计 5,783.13 万元，专项债本息合计 4,300，经计算专项债券本息保障倍数为 1.34，说明本项目有较好的资金覆盖倍数，具有一定的盈利能力、偿债能力和可持续性。符合云南省财政厅建设项目本息保障倍数必须大于 1.2 的规定。

（三）案例分析

2016 年 12 月，国务院出台《关于全面推行河长制的意见》，2017 年 6 月，“河长制”被正式纳入新修订的《水污染防治法》，要求到 2018 年年底前完成由党政领导担任河长的“河长制”体系的建立，此项政策加强了河流流域管理与考核的相关性，提高了立法、执法、监管的力度，将河道治理提升到了新的高度。流域水环境综合治理主要包括污水处理和提标改造、再生利用、污水管网建设和改造、河道水环境治理工程、岸线景观等工程。

污水处理项目历来受国家重视，环保压力责任重大，地方各级政府都高度重视，纷纷采取各种模式推进，发行污水处理专项债券也是必然选择之一，该类项目测算相对简单，资金来源一般来自政府投入和市场融资，还款能力保障足（一般自来水售价包含污水垃圾处理费 0.8 元 / 吨 –1.2 元 / 吨），风险小，深受市场热捧。

第九节　水利工程专项债

（一）政策要求

《关于做好地方政府专项债券发行及项目配套融资工作的通知》（厅字〔2019〕33 号）提出，精准聚焦重点领域和重大项目。鼓励地方政府和金融机构依法合规使用专项债券和其他市场化融资方式，重点支持京津冀协同发展、长江经济带发展、“一带一路”建设、粤港澳大湾区建设、长三角区域一体化发展、推进海南全面深化改革开放等重大战略和乡村振兴战略，以及推进棚户区改造等保障性安居工程、易地扶贫搬迁后续扶持、自然灾害防治体系建设、铁路、收费公路、机场、水利工程、生态环保、医疗健康、水电气热等公用事业、城镇基础设施、农业农村基础设施等领域以及其他纳入“十三五”规划符合条件的重大项目建设。

（二）案例介绍

案例：2020 年云南省水利建设专项债券（一期）—2020 年云南省政府专项债券（三期）

1. 项目基本情况

项目单位：红河县勐甸水库工程建设管理所

项目名称：红河县勐甸水库工程项目（以下简称“本项目”）

项目区位：勐甸水库位于红河县境内、勐龙河的支流勐甸河下游，坝

址距县城约10公里

2. 项目建设内容和产出

勐甸水库工程由枢纽工程和输水工程组成。枢纽工程由大坝、溢洪道和导流输水隧洞组成，大坝为黏土心墙石碴坝，最大坝高44.5米；输水工程由1条干管和5条支管组成，干管全长14.29公里，5条支管总长11.51公里。

（1）技术规模指标

勐甸水库工程正常蓄水位为646米，死水位为630米，设计洪水位为648.98米，校核洪水位为650.14米；水库总库容为1,336万立方米，兴利库容为828万立方米。

（2）预计产出

勐甸水库工程设计年供水量1,353.58万立方米，其中农村人畜生活供水量52.58万立方米、农业灌溉供水量1,301万立方米。

（3）项目建设期和运营期：本项目建设期为2017年至2020年，运营期为2021年至长期，因专项债券和其他存量融资期限小于运营期，因此，本项目取计算期2017年至2040年。

3. 投资概算

根据《关于准予红河县勐甸水库工程初步设计报告的行政许可决定书》（云水规计许〔2018〕01号），本项目总投资约为3.63亿元，因本项目融资成本变化，财务费用（含专项债券建设期利息120万元及债券发行费用5万元）增加125万元，项目总投资调整为3.64亿元。

4. 资金来源

（1）分级财政预算资金安排情况

根据可研批复云发改农经〔2016〕1388号，本项目省级补助资金为17,996万元，目前已到位4,500万元；红河州专项建设资金目前已到位1,000万元；县级配套资金目前已到位1,000万元。其余省级、州级及县级配套资金将在建设期内分批次到位。

表 4-16　资金筹措表　（单位：万元）

项目总投资	资本金			融资	
	财政预算安排	发行专项债券用于项目资本金	其他来源（含单位或社会资本方自有资金等）	专项债券	其他存量融资
36,431.21	25,431.21	–	–	5,000.00	6,000.00
占总投资比例（%）	69.81	–	–	–	

表 4-17　专项债券发行计划　（单位：万元）

合计	2020 年		2030 年	
	发行金额	期限	发行金额	期限
9,000	5,000	10 年	4,000	10 年

本项目计划发行专项债券 5,000 万元，2020 年计划发行 5,000 万元；在 2030 年专项债券到期后，另行申请发行 4,000 万元专项债券用于周转偿还债券本金，期限 10 年。

（2）其他存量融资

2016 年 12 月，中国农发重点建设基金有限公司、中国农业发展银行云南省分行、红河县红水水利水电投资有限公司签订《借款协议》，由中国农发重点建设基金有限公司向红河县红水水利水电投资有限公司借款人民币 6,000 万元，专项用于云南省红河县勐甸水库工程项目。2016 年 12 月，红河县人民政府与红河县红水水利水电投资有限公司签订《红河县勐甸水库工程项目政府购买服务合同》，授权红河县红水水利水电投资有限公司承担云南省红河县勐甸水库工程项目的建设和管理职责。根据红河县财政局《关于云南省红河县勐甸水库项目政府购买服务合同资金列入财政预算的通知》（红财发〔2016〕180 号），购买服务合同资金依法纳入红河县财政逐年予以安排。本次融资平衡情况测算暂不考虑该笔贷款还本付息情况。

5. 项目收入

（1）项目收入来源及测算依据

本项目收入主要包括农业灌溉供水收入及人畜饮水供水收入。

根据红河县人民政府《关于灌区综合开发水价改革试点实施方案的批复》（红政复〔2015〕149号）：牛多乐、他奄、南面坡、红旗山、石榴山、阿底坡6个片区，50亩以下灌区散户按每年60元/亩收取；50亩以上灌区种植用水大户采用计量设施，按0.2元/立方米收取，每年每亩核定为300立方米，超过用水量实行超定额累进加价制度；水产渔业按0.2元/立方米收取；工业按0.4元/立方米收取。

根据红河县人民政府办公室《关于印发红河县城市居民生活用水阶梯水价实施方案的通知》（红政办发〔2017〕113号），居民生活用水到户价格为3.90元/立方米，其中基本水价2.9元/立方米，水资源费0.15元/立方米，污水处理费0.85元/立方米。

（2）项目收入预测

根据云南省水利厅《关于准予红河县勐甸水库工程初步设计报告的行政许可决定书》（云水规计许〔2018〕1号），勐甸水库农田灌溉用水面积为2.02万亩，农业灌溉供水量为1301万立方米/年。保守估计，本项目供水收入测算中农业灌溉用水初始水价暂按0.2元/立方米计算；人畜饮水水量为52.58万立方米/年，初始水价暂按2.9元/立方米计算。

参考北京、上海、广州、昆明、太原、南昌、武汉、兰州、成都等城市2007年—2013年城市居民生活用水水价增长情况，本项目供水收入测算中水价暂按每5年增长25%、23%、21%依次递减计算。

1）人畜饮水收入

出于谨慎考虑，本项目债券存续期内供水量暂不考虑增长。预计2021年—2025年，每年可实现人畜供水收入152.48万元；2026年—2030年，每年可实现人畜供水收入190.60万元；2031年—2035年，每年可实现人畜供水收入234.44万元；2036年—2040年，每年可实现人畜供水收入283.67万元。

2）农业灌溉用水收入

出于谨慎考虑，本项目债券存续期内供水量暂不考虑增长。预计2021

年—2025 年，每年可实现农业灌溉用水收入 260.20 万元；2026 年—2030 年，每年可实现农业灌溉用水收入 325.25 万元；2031 年—2035 年，每年可实现农业灌溉用水收入 400.06 万元；2036 年—2040 年，每年可实现农业灌溉用水收入 484.07 万元。

6. 项目运营成本

根据《云南省红河县勐甸水库工程可行性研究报告》，勐甸水库工程的成本主要是指工程设施在运行管理中每年所支付的各项费用，一般包括材料费、修理费、工资及福利费、管理费以及其他费用等。勐甸水库工程管理所是财政全额拨款的事业单位，本次测算暂不考虑工资及福利、管理费及其他费用。日常维护考虑材料费，按固定资产原值（不含征地补偿及移民安置费用）的 0.1%计算；修理费按固定资产原值（不含征地补偿及移民安置费用）的 1.0%计算 ,10 年一次。

7. 相关税费

根据《国家税务总局关于印发〈增值税若干具体问题的规定〉的通知》(国税发〔1993〕154 号）第一条第（七）项规定：供应或开采未经加工的天然水（如水库供应农业灌溉用水、工厂自采地下水用于生产），不征收增值税。根据《关于继续实行农村饮水安全工程税收优惠政策的公告》(财政部 税务总局公告 2019 年第 67 号）规定：对饮水工程运营管理单位向农村居民提供生活用水取得的自来水销售收入，免征增值税。本项目为水库供应农业灌溉用水和水库供应人畜饮水，故暂不考虑增值税。

灌溉服务业项目所得免征企业所得税。《企业所得税法实施条例》第八十六条明确，对企业从事灌溉服务项目所得免征企业所得税。灌溉服务，是指为农业生产服务的灌溉系统的经营与管理活动。包括农业水利灌溉系统的经营、管理，但是不包括水利工程的建设、水利工程的管理。

根据财政部 国家税务总局《关于执行公共基础设施项目企业所得税优惠目录有关问题的通知》(财税〔2008〕46 号）:《目录》内符合相关条件和技术标准及国家投资管理相关规定，于 2008 年 1 月 1 日后经批准的公共基础设施项目，其投资经营的所得，自该项目取得第一笔生产经营收入所属纳税年度起，第一年至第三年免征企业所得税，第四年至第六年减半征收企业所得税，由政府投资主管部门核准的农村人畜饮水工程中取水、输水、净化水、配水工程适用该优惠政策。

8. 水资源费

根据云南省物价局 云南省财政厅 云南省水利厅《关于水资源费征收标准的通知》（云价价格〔2011〕128 号），云南省江河取水水资源费收费指导标准为：生活用水每立方米 0.10 元—0.20 元、工业用水每立方米 0.15 元—0.25 元、其他用水每立方米 0.15 元—0.25 元；云南省湖泊取水水资源费收费指导标准为：生活用水每立方米 0.15 元—0.25 元、工业用水每立方米 0.20 元—0.30 元、其他用水每立方米 0.20 元—0.40 元。

而根据云南省财政厅 云南省发展和改革委员会 云南省水利厅《关于转发水资源费征收使用管理办法的通知》（云财综〔2009〕163 号），为减轻农民负担，促进农业生产，增加农业收入，暂不对农村家庭生活和零星散养、圈养畜禽饮用水，农业生产用水征收水资源费。本项目工程供水用于农田灌溉及人畜饮水，故暂不考虑水资源费及污水处理费。

根据《关于继续实行农村饮水安全工程税收优惠政策的公告》（财政部 税务总局公告 2019 年第 67 号）：对饮水工程运营管理单位为建设饮水工程而承受土地使用权，免征契税；对饮水工程运营管理单位为建设饮水工程取得土地使用权而签订的产权转移书据，以及与施工单位签订的建设工程承包合同，免征印花税；对饮水工程运营管理单位自用的生产、办公用房产、土地，免征房产税、城镇土地使用税。

9. 本息保障倍数

项目可偿债收益累计 10896.18 万元，专项债本息合计 9320 万元，经计算专项债券本息保障倍数为 1.14, 说明本项目有较好的资金覆盖倍数，具有一定的盈利能力、偿债能力和可持续性。

（三）案例分析

红河县位于云南省的南部，隶属于红河哈尼族彝族自治州，是少数民族地区，经济社会基础比较薄弱，区域内现有水利工程基础设施薄弱，调蓄能力低，工程性缺水严重，是云南省严重的干旱地区。勐甸水库建成后可解决迤萨镇的勐龙、齐心寨、土台 3 个行政村 3365 人、2.31 万头牲畜饮水安全以及 2.02 万亩农田灌溉用水问题。

水利工程类项目专项债券的发行，为区域经济社会可持续发展提供水资源安全保障和粮食生产安全保障，是不可替代的水资源配置工程，具有显著的社会效益。

中小水利工程类项目测算的难点在于收入及税费的确定，按照人口、牲畜等数量摸底，同时参考周边水价还要兼顾当地群众的承受能力。云南省为了支持地方经济的发展，对涉及民生的工程本息覆盖倍数建议不低于 1.0 即可满足基本发行条件，满足了大批项目的融资需求，对拉动地方经济保平稳保就业产生积极的作用。

第十节　轨道交通专项债

（一）政策要求

2018 年 3 月 26 日财政部下发的《关于做好 2018 年地方政府债务管理工作的通知》中提出，优先在重大区域发展以及乡村振兴、生态环保、保障性住房、公立医院、公立高校、交通、水利、市政基础设施等领域选择符合条件的项目，积极探索试点发行项目收益专项债券。

截至 2019 年底，全国共 40 座城市开通了城轨线路，累计通车到到 6730.27 公里，在当前中国宏观经济下行压力加大的背景下，城轨基建投资作为稳经济的利器之一，有望不断加码。

（二）案例介绍

案例：2017 年深圳市（本级）轨道交通专项债券（一期）—地铁 14 号线专项债券

1. 项目基本情况

为加强区域融合，实现深莞惠一体化发展，强化深圳东部发展轴，促进城市空间合理布局的需要，深圳市轨道交通（地铁）14 号线将在 2018 年正式投入建设，并预计于 2023 年 1 月 1 日正式投入运营。14 号线贯通后将串联福田中心区、清水河、布吉、横岗、龙岗大运新城、坪山中心区、坑梓、沙田等区域。覆盖深圳东部地区南北向交通需求走廊，是联系深圳中心区与东部组团的轨道交通快线，是支撑深圳东部发展轴的轨道交通骨干线，是支持深圳东进战略实施的重要交通保障。

项目起自福田中心区岗厦北枢纽，经罗湖区、龙岗区止至坪山区（深惠边界），线路全长 52.463km，连接福田中心地区、清水河、布吉、横岗、龙岗大运新城、坪山中心区以及坑梓等区域，是深圳市东部线网的重要组成部分。14 号线路工程总长由原披露文件中的 52.46km 调减至 50.30km 线，路起终点由原岗厦北—坑梓调整为岗厦北—沙田，沿线站点由原 15 座调增至 17 座。其中枢纽站调增至 4 座（岗厦北、三黄木岗、布吉和大运）、换乘站维持 9 座（浦水河、石芽岭、四联、为新、宝荷、沙湖、评由害、朱洋坑和沙田）标准站调增至 4 座（六约北、宝龙、坪山广场和坑梓）。车辆基地仍按 1 段 1 场布置，但将原公园南停车场调整为福新停车场、品镇车辆段维持不变。

2. 项目投资

项目总投资为 395.43 亿元，根据《深圳市发展和改革委员会关于城市轨道交通 14 号线工程可行性研究报告的批复》（深发改［201711493 号文）及项目相关测算，14 号线本体工程概算总额由 395.43 亿元调整至 406.89 亿元，调增 11.46 亿元，其中工程费用、工程建设其他费用、专项费用分别调增 4.45 亿元、4.86 亿元、7 亿元。预备费调减 1,513 亿元，调增投资 11.46 亿元将作为项目资本金由财政预算安排。

3. 项目资金

资本金 195.43 亿元，占总投资 49.4%，由政府财政预算安排；发行专项债券融资 200 亿元，占总投资 50.6%。

资金使用情况：4 号线各标段自 2017 年底起陆续开始施工建设，截至 2018 年三季度末，“2017 年深圳市（本级）轨道交通 14 号线项目专项债券”资金累计支付 3.29 亿元，预计至 2018 年年底，工程累计支付额将达约 8.29 亿元，专项债资金结余约 11.71 亿元。

4. 计划发行

因项目实施进度慢于预期，根据目前项目工程进展情况，将 14 号线专项债发行计划调增为：

表 4–18　深圳市轨道交通 14 号线项目发行专项债券计划

项目	2017 年	2019 年	2020 年	2021 年	2022 年
发行额度（亿元）	20	30	50	50	50
发行期限（年）	5	5	7	7	7

一期安排发行额：深圳市政府计划发行专项债券融资 200 亿元，一期计划发行 20 亿元，其余按实际使用需求分年度发行专项债券募集。

本期债券募集资金拟专项用于轨道交通 14 号线项目。该项目建设及运营由深圳市地铁集团有限公司（以下简称“深圳地铁”）负责，项目计划建设周期为 5 年，预计于 2022 年开通试运营。项目已于 2017 年底开始建设，截至 2018 年 9 月末累计已投资 3.29 亿元，已使用本期债券募集资金 3.29 亿元；2018 年 10 月—12 月、2019 年及 2020 年项目分别计划投资 5 亿元、38.51 亿元和 72 亿元。

表 4-19　2017 年深圳市轨道交通专项债券（一期）发行情况

债券名称	2017年深圳市（本级轨道交通专项债券（一期）-2017年深圳市政府专项债券（一期）		
计划发行规模	20 亿元	实际发行规模	20 亿元
发行期限	5 年期	票面利率	3.82%
发行价格	100 元	付息频率	12 月 / 次
付息日	每年 12 月 12 日	到期日	2022 年 12 月 12 日

5. 预期收入

在该项目拟发行专项债券的存续期内（2017 年 ~2029 年）预计募投项目地铁建设及运营方面产生的现金流出合计 456.54 亿元。

6. 收入来源

该项目预计于 2023 年 1 月 1 日正式投入运营，根据深圳地铁目前执行的票价原则并结合客流量预测，该项目在运营期 10 年内预计可产生票务收入 112.12 亿元。除票务收入外，募投项目可通过地铁运营的资源开发获得收益，具体包括车站商业、站内空间的开发，车站冠名权、车厢、车体、车站内广告收入等。

7. 建设期内利息支付

建设期内，本期资金利息先从项目资金内垫付，待项目实现收入后归还。

还本付息安排：本期债券债务收入、安排的支出、还本付息、发行费用纳入深圳市本级政府性基金预算管理。

8. 资金保障倍数

根据资金平衡测算分析，在满足估算条件的前提下，以 140000 万元债券拟发行计划为基础，累计偿还债券本金和支付利息 184,400 万元，累计项目收入为 657,799.04 万元，到期预计可达到的资金覆盖保障倍数为 2.06 倍。因此，本项目还本付息资金充足。

（三）案例分析

一线城市的地铁随着城市规模的外扩，线路也随着规划不断地调整外延，由于轨道交通本身具有造价高、资金需求量大、建设周期长以及投资资金回收慢等特点，项目从一开工就需要策划好资金来源，实践中深圳市政府引进和应用多种融资模式，改变原有的政府主导型投融资模式，并将其按市场化模式运作，特别是专项债的发行，用远比其他模式低得多的资金成本来完成建设，不失为当前融资工具中最优的选择。

该类项目的实施方案编制较为复杂，因项目在建设期内持续发债，发行期限及利率各不相同，在运营期内对车票、广告、商铺等收入要有合理的预测，现金流量表中对自平衡的测算还是很困难的。

第十一节　铁路建设专项债

（一）政策要求

大理至瑞丽铁路是我国《中长期铁路网规划（2008年调整）》中完善路网布局和西部开发性新线项目之一，也是我国西南进出境通道之一的中缅国际铁路通道的重要组成部分，同时可经缅甸通往印度、中东、西欧、北非，形成第三座欧亚非大陆桥。本项目的建设对填补滇西地区的路网空白，完善西部地区铁路网，构筑滇西地区与内地交流的主通道，改善综合交通运输体系都具有重要意义。作为中缅国际铁路通道的核心部分，本线的建设有利于促进泛亚铁路西线缅甸境内段的建设，对早日形成昆明至缅甸的大能力、安全、全天候的国际陆路通道都有重要的促进作用。

《关于做好地方政府专项债券发行及项目配套融资工作的通知》（厅字〔2019〕33号）提出：精准聚焦重点领域和重大项目。鼓励地方政府和金融机构依法合规使用专项债券和其他市场化融资方式，重点支持铁路、收费公路、机场、水利工程、生态环保、医疗健康、水电气热等公用事业领域以及其他纳入“十三五”规划符合条件的重大项目建设。

根据 2007 年国家发展改革委对该项目的批复，新建大理至瑞丽铁路线路全长 350 公里，按照国铁Ⅰ级单线标准建设。项目投资估算总额 147 亿元，主要技术标准为国铁Ⅰ级，建设工期为 6 年。

（二）案例介绍

案例：2020 云南省大瑞铁路项目专项债券

主管部门：云南省交通运输厅

1. 项目基本情况

根据 2014 年国家发展改革委对该项目的批复，调整后大理至瑞丽铁路正线全长 330 公里，批复项目总投资 257.3 亿元，其中工程投资 254 亿元，机车车辆购置费 3.3 亿元。剩余建设工期：7 年。

大理至保山铁路（大瑞铁路中新建段）自 2008 年正式开工以来，受控制性工程大柱山隧道工期影响，工期一再调整。今年 6 月 26 日，大柱山隧道平导顺利贯通。大柱山隧道全长 14,484 米，最大埋深 995 米，穿越横断山脉南段，设置贯通平导辅助正洞施工。其所在区域地质环境复杂，断裂构造发育，施工难度极大，被业界形象地称为是“中国最难隧道”。隧道工期从最初的 5 年半，一度调整为 8 年，又再度调整为 13 年。施工人员克服复杂断层、突泥涌水、软弱围岩大变形、高地热、瓦斯、岩爆等重重困难，确保了项目推进。目前，大柱山隧道正洞还剩余约 1800 米，预计 2020 年全面完工。

2. 项目地点

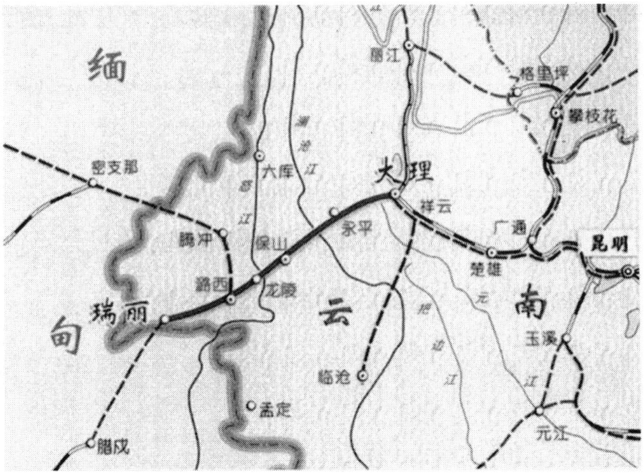

大理至瑞丽铁路位于云南省西部地区，东起广大铁路终点大理站，向西经永平、保山、潞西等市县，跨越漾濞江、顺沸河、银江大河、澜沧江、怒江等大江大河，西至瑞丽。

3. 建设内容

新建铁路大理至瑞丽线，正线全长 330km。其中，大理（不含）至保山（含）段，正线全长 134km；保山（不含）至瑞丽（含）段，正线全长 196km。全线共设桥梁 108 座 36,335 延长米；隧道 44 座 216,080 延长米，其中 10km 以上隧道 6 座（110.804km），高黎贡山隧道为最长隧道，全长 34,522m。桥隧总长 251. 023km，占线路总长的 76. 2%o 新设车站 26 个，其中中间站 11 个。

主要技术标准

①铁路等级：I 级。

②正线数目：单线。

③限制坡度：大理至芒市（加力坡）24‰。芒市至瑞丽 12‰。。

④路段旅客列车设计行车速度：140km/h。

⑤最小曲线半径：一般地段 1600m，困难地段 1200m。

⑥牵引种类：电力。

⑦牵引质量：3000t。

⑧到发线有效长度：650m，预留 850m。

⑨闭塞类型：自动站间闭塞。

4. 项目建设期和运营期

本项目建设期为 2006 年 2024 年，运营期无限制期限（因专项债券和市场化融资期限小于运营期，因此，本项目计算期取债券进入至退出期限，即 2020 年 2050 年 1 月）。

5. 项目总投资

根据《国家发展改革委办公厅关于调整新建大理至瑞丽铁路建设内容和总投资的批复》（发改办基础【2014】2090 号），本项目总投资为 257.34 亿元，因项目融资成本变化，建设期利息增加 2,950.15 万元，调整项目总投资为 257.64 亿元。

6. 资金筹措方案

表 4–20　资金筹措表　　（单位：万元）

项目总投资	资本金			融资	
	中国国家铁路集团（原中国铁路总公司）自有资金	发行专项债券用于项目资本金	云南省出资方自有资金	专项债券	市场化 融资
2576393.62	2,165,426.95	40,000.00	346,016.52		24,950.15
占总投资比 例	84.05%	1.55%	13.43%		0.97%

7. 资本金来源

1）中国国家铁路集团（简称“铁总公司”）共计出资 216. 54 亿元，占总投资的 84.05%。剩余资金按铁总公司根据资金计划下达拨付。

2）云南省出资方代表云南省政府出资 38.60 亿元，占总投资的 14.98%。截至 2019 年 9 月，已出资 31.02 亿元。剩余的 7.58 亿元中，4 亿元拟通过云南省政府发行专项债券募集，专项债券暂取期限 30 年、债券利率 4.8%；其余 3. 58 亿元由云南省出资方自筹解决。

8. 市场化融资

市场化融资 2.5 亿元，占总投资的 0. 97%，目前正在由银行申报审批中，预计于2020年确定贷款额度，根据项目建设资金需求情况，于建设期最后一年即2024年年中申请发放贷款，市场化融资贷款期限20年（含3年宽限期），利率为4.41%，还款方式为等额还本、季度付息。

1. 项目分年度融资情况

（1）专项债券

表4-21　专项债券发行计划表　　（单位：万元）

计划发行专项债券金额	2020年	
	发行金额	期限
40,000	40,000	30

项目计划发行专项债券总额为40000万元，专项债券暂取期限30年、债券利率4.8%。

（2）市场化融资

表4-22　市场化融资计划表　　（单位：万元）

计划市场化融资金额	2024年	
	融资金额	期限
24,950. 15	24,950. 15	20

项目计划市场化融资金额为24,950.15万元，目前正在由银行申报审批中，预计于2020年确定贷款额度，根据项目建设资金需求情况，于建设期最后一年即2024年年中申请发放贷款，市场化融资贷款期限20年（含3年宽限期），利率为4.41%，还款方式为等额还本、季度付息。

9. 项目实施计划

已完成的前期工作：本项目已取得可研批复、环评及水保批复，部分设计及招标工作已完成，目前已开工建设，截至2019年9月，已投入资金114.5亿元。

项目建设计划：项目施工按计划实施，竣工验收投入时间计划2021年12月。

10. 项目收入来源及测算依据

根据项目产出情况，本项目收入来源为专项收入，包括客运收入、货运收入及其他收入。其中：

1）客运及货运收入

在市场经济条件下，运输市场的客货运价主要是受供求关系即市场竞争确定的。本线的客运价不宜低于普通铁路及普通公路，应与高速公路的票价相当；货运价宜低于普通公路。因此本线开通后，单价暂定为：客运价 0. 20 元 / 人 / 公里，货运价 0.1671 元 / 吨 / 公里。项目预测客运量、货运量分别按照上述时间节点设计流量的 80%、85% 进行计算，中间年度客运及货运量按照上述时间节点计算的客货运量均匀递增，到 2035 年及以后客货运量趋于稳定。

2）其他收入

其他收入包括行包邮运、广告、列车餐饮运营等相关收入，参照铁路运营现状，取客货运收入的 8%。

根据上述基础信息，本项目计算期收入合计 2132130.6 万 元。按照云南省出资方在本项目中的出资比例为 14.98%，本项目实际收入为 319393.25 万元。

11. 项目运营成本

本项目运营成本主要包括机车的能耗、机车车辆的修理养护费用、机车和列车乘务员工资及分摊的管理费，以及固定设施的修理、维护费及分摊的管理费。参考既有运营统计资料：客、货有关成本支出率（包括机车的能耗、机车车辆的修理养护费用、机车和列车乘务员工资及分摊的管理费）分别为 730 元 / 万人 / 公里、521 元 / 万吨 / 公里；固定设施的修理、维护费及分摊的管理费为 41.8 万元 / 正线公里。考虑未来出行人员需求以及货运服务水平的提高，本项目按照客、货有关成本支出率（包括机车的能耗、机车车辆的修理养护费用、机车和列车乘务员工资及分摊的管理费）分别为 830 元 / 万人 / 公里、571 元 / 万吨 / 公里；固定设施的修理、维护费及分摊的管理费为 41. 8 万元 / 正线公里进行计算。

本项目的总运营成本为 1,040,992. 52 万元。按云南省出资方在本项目中的出资比例，本项目的实际运营成本为 155,940.73 万元。

12. 相关税费

项目总投资中，建筑安装工程费与设备购置费的增值税税率取 9%（《国家铁路局关于下调铁路工程造价标准增值税税率的公告》（国铁科法〔2019〕12 号），其他固定资产增值税税率取 6%。

本项目的相关税费合计为 0 万元。按云南省出资方在本项目中的实际出资比例，本项目的实际相关税费为 0 万元。

13. 项目可偿债收益

经测算，在计算期内云南省出资方的项目收入合计 319,393.25 万元，项目运营成本合计 155,940.73 万元，占用项目 偿债收益的相关税费和其他费用合计 0 万元，则项目可偿债收益 – 项目收入—项目运营成本 – 占用项目偿债收益的相关税费和其他费用共 163,452.52 万元。

债务还本付息情况

1）专项债券还本付息情况

本次计划发行专项债券总额为 40,000 万元，30 年期，债券测算利率 4.8%。

2）市场化融资还本付息情况

本次计划市场化融资金额为 24,950.15 万元，目前正在由银行申报审批中，预计于 2020 年确定贷款额度，根据项目建设资金需求情况，于建设期最后一年即 2024 年年中申请发放贷款，市场化融资贷款期限 20 年（含 3 年宽限期），利率为 4. 41%，还款方式为等额还本、季度付息。

14. 本息覆盖保障倍数

根据专项收入的稳定现金流收益规模分析项目年现金流。本项目整体的现金净流入 2,895,786. 87 万元，其中单位或社会资本方自有资金 2,511,443.4 万元，用于资本金的专项债券资金流入 40,000 万元，市场化融资流入24,950.15万元，专项收入319,393.25万元。现金流出总额2,855,301. 76万元。专项债债券存续期共需还本付息135,753.77万元，项目本息保障倍数为1.20，本金保障倍数为2.52；专项债券本息保障倍数为1.67，本金保障倍数为4.09。项目收益对债券的本金、利息能够基本覆盖。

（三）案例分析

德宏州、保山市与缅甸接壤，国境线长（671km），拥有腾冲、揣丽、畹町三个国家级工岸，是我国对缅经贸交流的桥头堡，并可经缅甸至故漂港或伸光港直接面对印度洋，从而避开世界上最繁忙的水上通道——马六甲海侠。建设本线对促进中缅经贸往来、中国东盟自由贸易区的建设，开辟我国通往印度洋的陆路通境都具有重要的战略意义，并可配合拟议中的中缅石油管道、形成我国西南部的能源战略通道，对保证我国能源安全、政治安全、国防安全意义重大。

本项目从计划发行到2020年提前批次申报历时近2月，编制过程中，多次奔赴沿途设站地市，实地调研线路的交通运输情况，摸得一手公路客运、货运量数据；编制中还多次拜访中国铁路云南局集团有限公司，就项目的运营成本进行过深入的交流，得到一线真实数据；同时在省交通厅的协调下，多次召开推进协调会，三方共同对预期收益、运营成本等展开探讨，经过团队的不懈努力，最终完成实施方案的编制工作。本项目融资渠道多，资金进度不一，融资成本不一，需要在专项债续存期对整改项目的现金流做系统的分析，不但要对专项债的本息覆盖倍数做出计算，还要对社会化融资部分做出偿债备付的计算，虽然发债额度不大，但对测算的要求很高，编制的综合难度还是很大。

第五章　实例测算

PART 05

2019年中国经济总体运行平稳，但下行压力加大，加之中央实施空前的减税降费政策，为了稳投资补短板，2020年地方政府专项债券发行额度大幅增加，达到3.75万亿。2019年春节前，2020年提前批次加速申报，各地在“能发尽发，能争尽争”的指导原则下，在上级催促时限完成发债和自行完成“自平衡测算”的情况下，地方政府也尽可能地抓住一切争取资金的机会，争夺专项债指标，通过银行、券商、咨询机构、会计师事务所、律师事务所等机构编制了专项债和预期收益相平衡的实施方案，其中不可避免地会有一部分不足以覆盖本息的专项债项目存在，仓促的盲目包装一些根本不能实现收益与融资自求平衡的专项债项目，过度包装图大图全的项目，具有一定的普遍性。

其实这种盲目包装上马的项目，类似以前的城投债，就是先借钱把项目做了再说，至于还钱那以后再说，等真要还钱了，就卖地，实在卖地也还不了就再发新债还旧债，这样做无形中增加了政府债务风险，需要引起足够的重视，各级财政主管部门应高度警惕项目收益注水现象，严防新增隐形债务，从源头严控风险。

我参加多个省份的专项债实施方案的评审中，发现实施方案中对自平衡的测算编写的千差万别，水平参差不齐，编制的报表前后矛盾，数据来源不可靠，有的连最简单的偿债来源都没有搞清楚，其实质上是对工程经济的不熟悉，对《建设项目经济评价方法与参数》(2006版)、《市政公用设施建设项目经济评价方法与参数》(2008版)的了解不深刻，对《关于全面推开营业税改征增值税试点的通知财税》〔2016〕36号营改增后报表的处理不当。应该说明的是，专项债自平衡测算与PPP模式下的融资测算并无本质的区别，都需要从总投资一路计算到资产负债表，才能真实地反应项目的偿债能力。例如某个西部偏僻省份的一级收费公路专项债自平衡项目，20 年期预期收益达到 120 亿元，而同区域内的高速公路年营业收入也不超过 3 亿元，通过简单的横向对比可知，该项目的收益存在一定的水分，20 年还息应该没有问题，到还本的时候问题就来了。再比如某咨询机构在编制某省产业园区的专项债自平衡实施方案时，由于园区偏僻，招商引资不理想，周边配套不完善，未来预期收益在不好预测时，直接把收益按照本息覆盖倍数（偿债备付率）1.5 倍来直接编制报表，该项目处于西部地区，很难吸引高精尖的企业，未来的收益不一定好，最后的结果就是还本付息出现问题。

《建设项目经济评价方法与参数》（2006 版）、《市政公用设施建设项目经济评价方法与参数》（2008 版）的两本指南发布已经有 10 多年的时间了，期间税收政策也多有调整，指南列举的报表已不能适应当前的财务测算，特别是建设期的现金流量，多种资金来源，融资成本高低各不相同，资金的进度时间安排节点直接影响到现金流，原来粗放式的测算已不能满足精益化的管理需要。

在编写本章的测算表中，我经常和业内知名工程咨询专家、工程经济学者、实操一线人员进行过多次深入探讨，仔细推敲，以求得真实反映项目在整个专项债券存续期内的现金流入流出，通过财务分析得出项目的生存能力、偿债能力，进而判断该项目是否适用于发行自平衡专项债。

（一）实例测算

案例简介：云南省某市新建一条高速公路，线路长 42.017km，其中隧道长 8.16km。可研批复投资 509,543.31 万元。建设工程费用 363,063.43 万元，设备工器具费用 6,995.03 万元，工程建设其他费用 92,222.30 万元，预备费 39,362.54 万元，建设期利息 24,419.25 万元，与铁路干扰施工相关费用 8,000 万元，总投资合计 509,543.31 万元。

本项目前期手续已完成所有报批，建设期三年（2020–2022 年），运营期 12 年（2034 年）。拟发行专项债券 200,000 万元，其中 2020 年第一批（本次）拟发行 85,500 万元，2020 年第二批拟发行 55,500 万元，2021 年第三批拟发行 60,000 万元，品种为记账式固定利率附息债券，全部为新增专项债券，专项债券期限均为 15 年，利率按 3.60% 计，利息按年支付，到期一次性偿还本金，债券发行费用按发行面值的 1‰计。

下面按照《建设项目经济评价方法与参数》（2006 版）、《市政公用设施建设项目经济评价方法与参数》（2008 版）的现金流量法基本模型来测算验证项目的财务生存能力、偿债能力以及盈利能力。

表 5-1　可研投资估算表（0）　　（单位：万元）

项	工程或费用名称	单位	数量	估算金额（元）	各项费用比例（%）
一	第一部分 建筑安装工程费	公路公里	42.017	363,363.43	71.25%
1.1	临时工程	公路公里	42.017	2,207.96	0.47%
1.2	路基工程	km	24.915	68,822.89	13.43%
1.3	路面工程	km	24.915	20,078.82	4.06%
1.4	桥梁涵洞工程	km	8.16	89,958.88	17.64%
1.5	交叉工程	处	54	58,898.82	11.56%
1.6	隧道工程	km/ 座	4.86 / 6	70,077.08	13.91%
1.7	公路设施及预埋管线工程	公路公里	42.017	29,913.75	5.87%
1.8	绿化及环境保护工程	公路公里	42.017	11,104.64	2.18%
1.9	管理、养护及服务房屋	m^2	26500	10,000.60	2.14%
二	第二部分 设备及工具、器具购置费	公路公里	42.017	6,695.03	1.37%
2.1	设备购置费	公路公里	42.017	6,685.37	1.29%
2.2	工具、器具购置费	公路公里	42.017	336.14	0.07%
2.3	办公及生活用家具购置费	公路公里	42.017	73.53	0.01%
三	第三部分 工程建设其他费用	公路公里	42.017	92,222.30	18.08%
3.1	土地征用及拆迁补偿费	公路公里	42.017	43,302.46	8.60%
3.2	建设项目管理费	公路公里	42.017	10,032.41	2.01%
3.3	研究试验费	公路公里	42.017	962.12	0.19%
3.4	建设项目前期工作费	公路公里	42.017	11,156.62	2.23%
3.5	专项评价（估）费	公路公里	42.017	747.91	0.15%

续表

项	工程或费用名称	单位	数量	估算金额（元）	各项费用比例（%）
3.6	联合试运转费	公路公里	42.017	181.53	0.04%
3.7	生产人员培训费	公路公里	42.017	20.00	0%
四	第一、二、三部分费用合计	公路公里	42.017	462,280.77	90.70%
五	预备费	元		39,962.54	7.73%
5.1	价差预备费	元		0.00	0%
5.2	基本预备费	元		39,962.54	7.73%
六	建设期贷款利息	公路公里	42.017	24,419.25	4.87%
七	与铁路干扰施工相关费用			8,800.00	1.57%
八	投资估算总金额	元		509,943.31	100%

因本项目融资成本的变化，财务费用也相应发生了变化，因此需要对项目总投资进行适当调整。原可研总投资 509,543.31 万元，经过修正，总投资为 500,024.06 万元。

表 5-2　投资表（1.0）　　（单位：万元）

项目总投资（含税）	500,024.06	备注
建设投资	484,424.06	
工程费用	370,058.47	
建筑安装工程费	363,363.43	
设备购置费	6,695.03	
工程建设其他费用	75,503.06	
建设期期初费用	56,621.20	
建设期期间费用	10,080.32	
建设期期末费用	8,801.53	
预备费	39,962.54	
建设期利息	15,500.00	
建设投资（含税）	484,424.06	
工程费用	370,058.47	
建筑安装工程费（承包商）	363,363.43	
工程预付款	18,853.17	

续表

项目总投资（含税）	500,024.06	备注
工程进度款	344,410.26	
设备购置费	6,695.03	
工程建设其他费	75,503.06	
建设期期初费用	56,621.20	
建设期期间费用	10,080.32	
建设期期末费用	8,801.53	
预备费	39,962.54	

表 5-2-1　基础报表（1.0）　　（单位：万元）

各年建设投资金额（含税）				
	合计	2020 年	2021 年	2022 年
工程费用	370,058.47	135,554.94	117,701.77	117,701.77
建筑安装工程费（承包商）	363,363.43	133,323.26	114,470.09	114,470.09
工程预付款	18,853.17	18,853.17		
工程进度款	344,410.26	114,470.09	114,470.09	114,470.09
设备购置费	6,695.03	2,231.68	2,231.68	2,231.68
工程建设其他费	75,503.06	59,981.31	3,360.11	11,161.64
建设期期初费用	56,621.20	56,621.20		
建设期期间费用	10,080.32	3,360.11	3,360.11	3,360.11
建设期期末费用	8,801.53			8,801.53
预备费	39,962.54	13,320.85	13,320.85	13,320.85
各年建设投资金额	484,424.06	208,857.09	134,482.72	142,284.25
建设期年投资金额比例	100%	42.98%	27.66%	29.35%
建设期利息	15,500.00	3,360.00	5,540.00	7,700.00
无形资产购置	500,024.06	211,117.09	139,922.72	149,984.25
无形资产购置比例	100%	42.28%	27.82%	29.90%

表 5-2-1 明确了工程费用分工程预付款、工程进度款、设备购置费三部分。本项目工程预付款为建筑安装工程费的 5% 于开工前支付；工程进度款及设备购置费按进度计划支付。

表 5-2-2　基础报表（1.0）　　（单位：万元）

建设投资金额 – 所含税金计算	含税	不含税	税金
工程费用	370,058.47	339,976.01	30,082.45
建筑安装工程费	363,363.43	333,385.72	29,977.71
设备购置费	6,695.03	6,690.30	804.74
工程建设其他费	75,503.06	73,320.00	1,183.05
建设期期初费用	56,621.20	55,523.92	697.29
建设期期间费用	10,080.32	10,058.79	621.53
建设期期末费用	8,801.53	7,737.29	464.24
预备费	39,962.54	39,962.54	0.00
小计	484,424.06	452,258.55	32,265.51

表 5-2-2 基础表计算了工程费用和工程建设其他费中含税及不含税的两种情形，为后面的增值税税金表做基础。工程费用的增值税税率，其中建筑安装工程费增值税税率为 9%，设备购置费增值税税率 13%，土地征用及拆迁补偿费增值税税率为 0%，建设项目管理费增值税税率为 6%，研究试验费值税税率为 6%，建设项目前期工作费值税税率为 6%，专项评价（估）费值税税率为 6%，联合试运转费值税税率为 6%，生产人员培训费值税税率为 6%。

表 5-2-3　基础报表（1.0）　　（单位：万元）

各年建设投资金额（不含税）				
	合计	2020 年	2021 年	2022 年
工程费用	339,976.01	124,494.86	107,740.58	107,740.58
建筑安装工程费（承包商）	333,385.72	122,231.43	105,577.14	105,577.14
工程预付款	16,654.29	16,654.29		
工程进度款	316,631.43	105,577.14	105,577.14	105,577.14
设备购置费	6,690.30	2,263.43	2,263.43	2,263.43
工程建设其他费	73,320.00	58,876.85	3,352.93	11,190.23
建设期期初费用	55,523.92	55,523.92		
建设期期间费用	10,058.79	3,352.93	3,352.93	3,352.93

续表

各年建设投资金额（不含税）				
	合计	2020 年	2021 年	2022 年
建设期期末费用	7,737.29			7,737.29
预备费	39,962.54	13,320.85	13,320.85	13,320.85
各年建设投资金额小计（不含税）	452,258.55	196,692.55	124,414.35	131,151.65
建设期利息	15,500.00	3,360.00	5,540.00	7,700.00
各年建设投资金额 + 建设期利息（不含税）	467,758.55	199,952.55	129,954.35	139,951.65
各年预付款金额	16,654.29	5,551.43	5,551.43	5,551.43

表 5-2-3 基础表明确了各年建设投资、建设期利息不含税的具体金额，为后面的现金流量表做基础。工程费用的增值税税率，其中建筑安装工程费增值税税率为 9%，设备购置费增值税税率 13%，土地征用及拆迁补偿费增值税税率为 0%，建设项目管理费增值税税率为 6%，研究试验费值税税率为 6%，建设项目前期工作费值税税率为 6%，专项评价（估）费值税税率为 6%，联合试运转费值税税率为 6%，生产人员培训费值税税率为 6%。

表 5-2-4　基础报表（1.0）　　（单位：万元）

在建工程（不含税）	合计	2020 年	2021 年	2022 年
工程费用	339,976.01	113,392.00	113,392.00	113,392.00
建筑安装工程费（承包商）	333,385.72	111,128.57	111,128.57	111,128.57
工程预付款	16,654.29	5,551.43	5,551.43	5,551.43
工程进度款	316,631.43	105,577.14	105,577.14	105,577.14
设备购置费	6,690.30	2,263.43	2,263.43	2,263.43
工程建设其他费	73,320.00	58,876.85	3,352.93	11,190.23
建设期期初费用	55,523.92	55,523.92	0.00	0.00
建设期期间费用	10,058.79	3,352.93	3,352.93	3,352.93
建设期期末费用	7,737.29	0.00	0.00	7,737.29
预备费	39,962.54	13,320.85	13,320.85	13,320.85
在建工程小计（不含税）	452,258.55	185,589.70	129,965.78	137,703.08
建设期利息	15,500.00	3,360.00	5,540.00	7,700.00

续表

在建工程（不含税）	合计	2020 年	2021 年	2022 年
每年在建工程 + 建设期利息	467,758.55	188,849.70	134,405.78	144,403.08
累计在建工程 + 建设期利息（资产负债表）		188,849.70	322,255.48	467,758.55
预付账款余额（资产负债表）	16,654.29	11,102.86	5,551.43	0.00

表 5-2-4 基础表累计了在建工程不含税 + 建设期利息及工程预付款余额，为后面的资产负债表做基础。

表 5-2-5　基础报表（1.0）　　（单位：万元）

摊销	
无形资产金额	467,758.55
建设投资金额（不含税）	452,258.55
建设期利息	15,500.00
每年摊销金额	38,854.88
每年建设期利息摊销金额	1,175.00
摊销年限（运营期）	12.00

表 5-2-5 基础表把无形资产分建设投资和建设期利息两部分做了具体的摊销处理。

表 5-3　融资表（2.0）　　（单位：万元）

名称＼年份	合计	2020 年	2021 年	2022 年
债券资金	200,000.00	85,500.00	55,500.00	60,000.00
债券本金	200,000.00	85,500.00	55,500.00	60,000.00
债券利息	15,500.00	3,360.00	5,540.00	7,700.00
资本金	300,024.06	126,617.09	84,422.72	89,984.25
资本金用于偿还利息	15,500.00	3,360.00	5,540.00	7,700.00
资本金用于建设投资	284,424.06	123,357.09	79,982.72	82,284.25

表 5-3 融资表（2.0）也是基础类报表，列明了资本金比例，发行专项

债券数额，其中资本金含了用于偿还建设期利息的资金。

表 5–4 还本付息表（3.0） （单位：万元）

名称 \ 年份	2020	2021	2022	2023	2024	2025	2026
期初债券余额		85,500.00	140,000.00	200,000.00	190,000.00	180,000.00	162,200.00
本期新增债券	85,500.00	55,500.00	60,000.00				
本期偿付债券				10,000.00	10,000.00	18,800.00	18,800.00
本期应付利息	3,360.00	5,540.00	7,700.00	7,700.00	6,640.00	6,680.00	5,532.00
本期实付利息	3,360.00	5,540.00	7,700.00	7,700.00	6,640.00	6,680.00	5,532.00
期末债券余额	85,500.00	140,000.00	200,000.00	190,000.00	180,000.00	162,200.00	144,400.00
本期偿付本息	3,360.00	5,540.00	7,700.00	17,700.00	16,640.00	24,480.00	23,332.00

名称 \ 年份	2027	2028	2029	2030	2031	2032	2033	2034
期初债券余额	144,400.00	126,600.00	108,800.00	90,000.00	72,200.00	54,400.00	36,600.00	18,800.00
本期新增债券								
本期偿付债券	18,800.00	18,800.00	18,800.00	18,800.00	18,800.00	18,800.00	18,800.00	18,800.00
本期应付利息	5,584.00	4,436.00	3,388.00	3,340.00	2,292.00	1,144.00	1,196.00	648.00
本期实付利息	5,584.00	4,436.00	3,388.00	3,340.00	2,292.00	1,144.00	1,196.00	648.00
期末债券余额	126,600.00	108,800.00	90,000.00	72,200.00	54,400.00	36,600.00	18,800.00	0.00
本期偿付本息	23,384.00	22,236.00	21,188.00	21,140.00	20,092.00	19,944.00	19,996.00	18,848.00

表 5–4 是还本付息表（3.0），融资分三批次，计划融资利率 3.6%，期限 15 年。还本付息通常有等额本金、等额还本付息、最大能力还款法及气球法等几种，在实践中，应该结合项目的实际情况，选择合适的还款方式。根据云南省相关政策，融资发行超过 15 年的需要专项债券，在计算期内，可以按照最大能力还款法来还本付息。计算期每年年末付息，本金偿还具体数额见财务计划现金流量表（9.0）累计净现金余额。

到此有人会问，为什么 2023 年是还款 10000 万元，不是 15,000 万元或 8,000 万元？具体的要看财务计划现金流量表（9.0）的 2023 年累计净现金流量情况，经计算得出 2023 年累计净现金流量 18746.42 万元，为了保持现金流的充裕，可以拿出 10,000 万元用来还本金。当然了也可以拿 15,000 万元来还本金，前提是必须要保证项目的正常运营，保障项目的正常资金周转。

表5–5　营业收入表（4.0）　　（单位：万元）

名称＼年份		合计	2022	2023	2024	2025	2026	2027
车流量（车辆）			8,878.00	8,878.00	12,252.00	12,252.00	12,252.00	12,252.00
客车所占比例			54.60%	54.60%	55.30%	55.30%	55.30%	55.30%
货车所占比例			45.40%	45.40%	44.70%	44.70%	44.70%	44.70%
客车车流量（车辆）			4,484.00	4,484.00	7,752.00	7,752.00	7,752.00	7,752.00
货车车流量（车辆）			3,394.00	3,394.00	5,500.00	5,500.00	5,500.00	5,500.00
客车收费单价（元/公里）	正常公路		0.50	0.50	0.50	0.50	0.50	0.58
	桥梁隧道		1.20	1.20	1.20	1.20	1.20	1.38
客车收费总额（万元）	正常公路	61,181.21	2,235.61	2,235.61	4,418.60	4,418.60	4,418.60	4,436.39
	桥梁隧道	35,531.37	1,182.37	1,182.37	2,282.33	2,282.33	2,282.33	2,239.69
货车收费单价（万元）	正常公路		0.09	0.09	0.09	0.09	0.09	0.10
	桥梁隧道		0.18	0.18	0.18	0.18	0.18	0.20
货车收费总额（万元）	正常公路	401,131.05	18,821.23	18,821.23	26,664.82	26,664.82	26,664.82	31,109.54
	桥梁隧道	191,141.40	8,880.87	8,880.87	12,253.36	12,253.36	12,253.36	14,481.36
收费总额（含税）（万元）		689,985.03	31,120.08	31,120.08	46,619.11	46,619.11	46,619.11	53,366.98
收费总额（不含税）（万元）		632,230.30	28,817.50	28,817.50	42,294.60	42,294.60	42,294.60	48,868.79

名称＼年份		2028	2029	2030	2031	2032	2033	2034
车流量（万辆）		12,252.00	17,792.00	17,792.00	17,792.00	17,792.00	17,792.00	17,792.00
客车所占比例		55.30%	55.20%	55.20%	55.20%	55.20%	55.20%	55.20%
货车所占比例		44.70%	44.80%	44.80%	44.80%	44.80%	44.80%	44.80%
客车车流量（万辆）		7,752.00	9,990.00	9,990.00	9,990.00	9,990.00	9,990.00	9,990.00
货车车流量（万辆）		5,500.00	7,702.00	7,702.00	7,702.00	7,702.00	7,702.00	7,702.00
客车收费单价（万/公里）	正常公路	0.58	0.58	0.58	0.58	0.66	0.66	0.66
	桥梁隧道	1.38	1.38	1.38	1.38	1.59	1.59	1.59

续表

名称 \ 年份		2028	2029	2030	2031	2032	2033	2034
客车收费总额（万元）	正常公路	4,436.39	6,673.85	6,673.85	6,673.85	7,729.92	7,729.92	7,729.92
	桥梁隧道	2,239.69	3,386.84	3,386.84	3,386.84	4,439.87	4,439.87	4,439.87
货车收费单价（万/公里）	正常公路	0.10	0.10	0.10	0.10	0.12	0.12	0.12
	桥梁隧道	0.20	0.20	0.20	0.20	0.24	0.24	0.24
货车收费总额（万/公里）	正常公路	31,109.54	41,100.96	41,100.96	41,100.96	48,886.10	48,886.10	48,886.10
	桥梁隧道	14,481.36	19,972.99	19,972.99	19,972.99	22,268.94	22,268.94	22,268.94
收费总额（含税）（万元）		53,366.98	71,134.64	71,134.64	71,134.64	82,224.83	82,224.83	82,224.83
收费总额（不含税）（万元）		48,868.79	65,595.08	65,595.08	65,595.08	75,594.34	75,594.34	75,594.34

表 5–5 是营业收入表（4.0）。高速公路项目的营业收入包括车辆通行费收入、附属设施营业收入（如服务区营业或出租收入、广告牌出租收入等）。根据高速公路项目特点，附属设施营业收入难以量化计算。因此，本项目指预测车辆通行费收入，对其他收入予以忽略。

1）收费标准。根据《云南省人民政府关于完善经营性高速公路定价机制有关事项的通知》（云政发［2013］79 号），按照“一路一测、桥隧分开、还本付息、投资回报”原则，综合考虑 2013 年 1 月 1 日以后建成通车的经营性高速公路建设投资、贷款额、车流量和经营成本等因素制定收费标准。近年云南建成通车的高速公路的收费标准：普通路段基本费率不超过客车 0.5 元 / 车 / 公里、货车 0.09 元 / 吨 / 公里，500 米以上桥梁隧道基本费率不超过客车 1.4 元 / 车 / 公里。

2）载货汽车收费额有车辆的计重质量和超限率及收费标准决定，而要准确的预测未来车辆的计重质量和超限率是很困难的，因此本项目根据现有的计重收费的统计数据计算各型货车的平均收费费率。

3）交通量的预测。本项目测算数据来源于《可行性研究报告》。

4）项目未来车型比例预测。本项目测算数据来源于《可行性研究报告》。

5）免缴费政策。考虑到通行车辆中有少量特种车辆不需要缴纳过路费，如执行公务的军车、警车、消防车等，参考云南省现有高速公路免费车所占比重，本项目一类客车和二类客车有效收费利率按 95% 计。另外，根据《国务院关于批转交通运输部等部门重大节假日免收小型客车通行费实施方案的通知》（国发［2012］37 号）的规定，扣除重大节假日免收通行费的交通量。本项目重大节假日按照每年 21 天计算。当然免费通行政策会因国内的突发事件（如乙类传染病新冠肺炎疫情）会有微调，但这整体上不影响测算的精度。

表 5–6 运营成本表（5.0） **（单位：万元）**

序号	项目 \ 年份		合计	2022	2023	2024	2025	2026	2027
一	运营成本（含税）		75,543.43	5,573.66	4,498.87	4,427.83	4,460.67	4,497.49	4,438.41
1	养护管理费		13,308.55	923.66	951.37	979.91	1,109.30	1,139.58	1,170.77
2	养护单价	正常公路		8.00	8.24	8.49	8.74	9.00	9.27
		桥梁隧道		0.08	0.08	0.08	0.09	0.09	0.09
3	大修费								
4	运营管理费		47,724.10	4,450.00	3,347.50	3,347.93	3,351.36	3,357.90	3,367.64
5	收费站		35,580.07	2,200.00	2,275.00	2,252.25	2,231.82	2,213.77	2,298.19
6	监控中心		5,576.81	400.00	412.00	424.36	437.09	450.20	463.71
7	服务区		2,238.41	200.00	206.00	212.18	218.55	225.10	231.85
8	养护工区		2,228.80	150.00	154.50	159.14	163.91	168.83	173.89
9	开通管理费		1,100.00	1,100.00					
二	运营成本（不含税）		70,015.09	5,534.18	4,430.83	4,451.76	4,476.31	4,404.60	4,436.74

续表

序号	项目 \ 年份		2028	2029	2030	2031	2032	2033	2028
一	运营成本（含税）		4,483.56	5,533.07	20,097.84	5,545.67	5,509.04	5,577.32	4,483.56
1	养护管理费		1,102.89	1,135.98	1,170.06	1,105.16	1,141.32	1,178.56	1,102.89
2	养护单价	9.55	9.84	10.13	10.44	10.75	11.07	9.55	9.27
		0.10	0.10	0.10	0.10	0.11	0.11	0.10	0.09
3	大修费				15,510.78				
4	运营管理费		3,380.67	3,397.09	4,417.00	4,440.51	4,467.73	4,498.76	3,380.67
5	收费站		2,285.13	3,374.68	3,366.93	3,361.93	3,359.79	3,360.58	2,285.13
6	监控中心		477.62	491.95	506.71	521.91	537.57	553.69	477.62
7	服务区		238.81	245.97	253.35	260.95	268.78	276.85	238.81
8	养护工区		179.11	184.48	190.02	195.72	201.59	207.64	179.11
9	开通管理费								
二	运营成本（不含税）		4,472.84	4,413.02	18,812.26	5,506.14	5,559.32	5,517.10	4,472.84

表 5–6 是运营成本表（5.0）。高速公路项目的运营成本主要有高速公路养护管理费和运营管理费两部分，其中养护管理费分正常公路和桥梁隧道；运营管理费分收费站、监控中心、服务区、开通管理费等。方案中第 10 年大修一次，正常公路、桥梁隧道的养护参考同类型高速公路的养护成本。

表 5–7 是增值税税金表（6.0）。在表投资（1.0）及表运营成本（5.0）里，分别计算了建设投资、运营成本含税及不含税两种情形数额。增值税金表直接引用投资（1.0）中的数据。应缴纳增值税金 = 进项税金 – 销项税金，其中建设期进项税金一直抵扣到 2032 年。本项目城市建设维护税税率适应 5%，教育费附加 3%，地方教育费附加 2%。

表 5-7　增值税表（6.0）

（单位：万元）

增值税		计算期							
序号	名称＼年份	2020	2021	2022	2023	2024	2025	2026	2027
一	营业收入（含税）				31,120.08	31,120.08	46,619.11	46,619.11	46,619.11
二	营业收入（未税）				28,817.50	28,817.50	42,294.60	42,294.60	42,294.60
三	销项税金小计				2,202.58	2,202.58	3,324.51	3,324.51	3,324.51
四	进项								
4.1	建设投资（含税）	211,117.09	139,922.72	149,984.25					
4.2	建设投资（未税）	199,952.55	129,954.35	139,951.65					
4.3	税金	12,264.54	9,968.36	10,032.60					
4.4	经营成本（含税）				5,573.66	4,498.87	4,427.83	4,460.67	4,497.49
4.5	经营成本（未税）				5,534.18	4,430.83	4,451.76	4,476.31	4,404.60
4.6	税金				339.47	268.03	276.08	284.36	292.89
4.7	进项税金小计	12,264.54	9,968.36	10,032.60	339.47	268.03	276.08	284.36	292.89
五	销项 - 进项	-12,264.54	-9,968.36	-10,032.60	2,263.10	2,234.54	3,348.44	3,340.16	3,331.63
5.1	累计或余额	-12,264.54	-22,232.90	-32,265.51	-30,002.40	-27,767.86	-24,419.42	-20,079.27	-17,747.64
5.2	留抵税额	12,264.54	22,232.90	32,265.51	30,002.40	27,767.86	24,419.42	20,079.27	17,747.64
5.3	实缴税额	0.00	0.00	0.00	0.00	0.00	0.00	0.00	0.00
六	税金及附加								

续表

增值税		计算期							
序号	名称 \ 年份	2020	2021	2022	2023	2024	2025	2026	2027
6.1	城建税 5%	0.00	0.00	0.00	0.00	0.00	0.00	0.00	0.00
6.2	教育费附加 3%	0.00	0.00	0.00	0.00	0.00	0.00	0.00	0.00
6.3	地方教育费附加 2%	0.00	0.00	0.00	0.00	0.00	0.00	0.00	0.00
6.4	税金及附加小计	0.00	0.00	0.00	0.00	0.00	0.00	0.00	0.00
七	增值税、税金及附加小计	0.00	0.00	0.00	0.00	0.00	0.00	0.00	0.00

增值税		计算期						
序号	名称 \ 年份	2028	2029	2030	2031	2032	2033	2034
一	营业收入（含税）	53,366.98	53,366.98	71,134.64	71,134.64	71,134.64	82,224.83	82,224.83
二	营业收入（未税）	48,868.79	48,868.79	65,595.08	65,595.08	65,595.08	75,594.34	75,594.34
三	销项税金小计	4,498.19	4,498.19	5,539.56	5,539.56	5,539.56	6,630.49	6,630.49
四	进项							
4.1	建设投资（含税）							
4.2	建设投资（未税）							
4.3	税金							

续表

增值税		计算期						
序号	名称 \ 年份	2028	2029	2030	2031	2032	2033	2034
4.4	经营成本（含税）	4,438.41	4,483.56	5,533.07	20,097.84	5,545.67	5,509.04	5,577.32
4.5	经营成本（未税）	4,436.74	4,472.84	4,413.02	18,812.26	5,506.14	5,559.32	5,517.10
4.6	税金	301.67	310.73	320.05	1,185.58	339.54	349.72	360.22
4.7	进项税金小计	301.67	310.73	320.05	1,185.58	339.54	349.72	360.22
五	销项 – 进项	4,496.52	4,487.47	5,519.51	4,453.97	5,500.02	6,680.77	6,670.28
5.1	累计或余额	–13,351.13	–9,963.66	–3,344.15	809.82	6,609.84	12,290.61	19,960.89
5.2	留抵税额	13,351.13	9,963.66	3,344.15	0.00	0.00	0.00	0.00
5.3	实缴税额	0.00	0.00	0.00	809.82	5,500.02	6,680.77	6,670.28
六	税金及附加							
6.1	城建税 5%	0.00	0.00	0.00	40.49	280.00	324.04	323.51
6.2	教育费附加 3%	0.00	0.00	0.00	24.29	168.00	194.42	194.11
6.3	地方教育费附加 2%	0.00	0.00	0.00	16.20	112.00	129.62	129.41
6.4	税金及附加小计	0.00	0.00	0.00	80.98	560.00	648.08	647.03
七	增值税、税金及附加小计	0.00	0.00	0.00	890.81	6,660.02	7,728.84	7,717.30

表 5-8 总成本费用表（7.0） （单位：万元）

项目＼年份	合计（万元）	2023	2024	2025	2026	2027	2028	2029	2030	2031	2032	2033	2034
经营成本	72,251.18	5,534.18	4,430.83	4,451.76	4,476.31	4,404.60	4,436.74	4,472.84	4,413.02	18,893.24	5,566.14	5,507.40	6,664.13
财务费用	49,980.00	7,700.00	6,640.00	6,680.00	5,532.00	5,584.00	4,436.00	3,388.00	3,340.00	2,292.00	1,144.00	1,196.00	648.00
折旧摊销	467,758.55	38,854.88	38,854.88	38,854.88	38,854.88	38,854.88	38,854.88	38,854.88	38,854.88	38,854.88	38,854.88	38,854.88	38,854.88
总成本费用	589,989.73	51,189.06	49,925.71	49,986.64	49,963.19	48,843.48	48,827.62	47,715.72	47,707.90	60,040.12	46,665.02	46,658.28	45,567.01

表 5-8 是总成本表（7.0），总成本包含经营成本、财务费用、折旧、摊销等。

表 5-9 利润与税金表（8.0） （单位：万元）

序号	项目＼年份	合计（万元）	2023	2024	2025	2026	2027	2028	2029	2030	2031	2032	2033	2034
1	营业收入	632,830.30	28,917.50	28,917.50	42,494.60	42,494.60	42,494.60	48,868.79	48,868.79	65,995.08	65,995.08	65,995.08	75,894.34	75,894.34
2	总成本费用	589,889.73	51,389.06	49,825.71	49,586.64	49,063.19	48,543.48	48,027.62	47,515.72	47,007.90	60,540.12	46,565.02	46,158.28	45,667.01
3	税金及附加	0.00					0.00	0.00	0.00	0.00	0.00	0.00		
4	利润总额	42,940.57	−22,471.56	−20,908.21	−7,092.04	−6,568.59	−6,048.88	841.17	1,353.07	18,987.18	5,454.96	19,430.06	29,736.07	30,227.34
5	弥补以前年度亏损	17,515.27								18,987.18	5,454.96	−6,926.87		
6	应纳所得税额 4−5	88,514.58	0.00	0.00	0.00	0.00	0.00	841.17	1,353.07	0.00	0.00	26,356.93	29,736.07	30,227.34

续表

序号	年份 项目	合计（万元）	2023	2024	2025	2026	2027	2028	2029	2030	2031	2032	2033	2034
7	所得税（财）	22,023.50	0.00	0.00	0.00	0.00	0.00	105.15	338.27	0.00	0.00	6,589.23	7,434.02	7,556.83
8	净利润 6–7	20,917.07	–22,471.56	–20,908.21	–7,092.04	–6,568.59	–6,048.88	736.02	1,014.80	18,987.18	5,454.96	12,840.83	22,302.05	22,670.50
9	期初未分配利润或亏损	–465,200.99	0.00	–22,471.56	–43,379.77	–50,471.80	–57,040.40	–63,089.28	–62,353.25	–61,338.45	–42,351.27	–36,896.31	–24,055.48	–1,753.43
10	可供分配的利润 8+9	20,917.07	0.00	0.00	0.00	0.00	0.00	0.00	0.00	0.00	0.00	0.00	0.00	20,917.07
11	提取法定盈余公积金（资）	2,091.71	0.00	0.00	0.00	0.00	0.00	0.00	0.00	0.00	0.00	0.00	0.00	2,091.71
12	可供投资者分配的利润	18,825.37	0.00	0.00	0.00	0.00	0.00	0.00	0.00	0.00	0.00	0.00	0.00	18,825.37
13	应付优先股股利	0.00												
14	提取任意盈余公积金	0.00												
15	应付普通股股利	18,825.37	0.00	0.00	0.00	0.00	0.00	0.00	0.00	0.00	0.00	0.00	0.00	18,825.37
16	各方利润分配	18,825.37	0.00	0.00	0.00	0.00	0.00	0.00	0.00	0.00	0.00	0.00	0.00	18,825.37
17	期末未分配利润或亏损	–465,200.99	–22,471.56	–43,379.77	–50,471.80	–57,040.40	–63,089.28	–62,353.25	–61,338.45	–42,351.27	–36,896.31	–24,055.48	–1,753.43	0.00

续表

序号	年份 项目	合计（万元）	2023	2024	2025	2026	2027	2028	2029	2030	2031	2032	2033	2034
18	息税前利润（EBIT）	92,620.57	–15,271.56	–14,068.21	–612.04	–736.59	–864.88	5,377.17	5,241.07	22,227.18	8,046.96	21,374.06	31,032.07	30,875.34
19	调整所得税（投）	30,094.63	0.00	0.00	–76.50	–92.07	–108.11	672.15	1,310.27	5,556.79	2,011.74	5,343.52	7,758.02	7,718.83
20	折旧摊销息税前		23,683.32	24,886.67	38,342.84	38,218.29	38,090.00	44,332.05	44,195.95	61,182.06	47,001.84	60,328.94	69,986.95	69,830.22
21	偿债备付率		1.38	1.48	1.57	1.60	1.64	1.97	2.02	2.88	2.28	3.02	3.63	3.74

表 5–9 是利润与所得税金表（8.0）。本表计算了利润总额缴纳所得税后的净利润，息税前利润、折旧摊销息税前等数据，最后汇总计算到偿债备付率，从表中可以看出，偿债备份率是个动态值，并不是每年都一样的，这是因为每年的营业收入有递增（减），运营成本上下有波动造成的。

偿债备付率（Debt Service Coverage Ratio），DSCR 又称偿债覆盖率，是指项目在借款偿还期内，各年可用于还本付息的资金与当期应还本付息金额的比值。其表达式为：

偿债备付率 = 可用于还本付息的资金 / 当期应还本付息的金额 × 100%

可用于还本付息的资金 = 息税前利润加折旧和摊销 – 企业所得税

通过上面的概念可知，专项债申报条件要求的本息覆盖倍数和财务上讲的偿债备付率在量上是相等的，从现金流的角度看，无论是本息覆盖倍数，还是偿债备份率都是每年对应一个具体比值，从申报要求来看，本息覆盖倍数计算的是整个计算期内的平均值。

表 5–10　财务计划现金流量表（9.0）

（单位：万元）

名称 \ 年份	合计（万元）	2020	2021	2022	2023	2024	2025	2026
经营活动现金流量	570,021.13	0.00	0.00	0.00	25,546.42	27,721.21	41,191.28	41,158.44
现金流入	689,985.03				31,120.08	31,120.08	46,619.11	46,619.11
营业收入	689,985.03				31,120.08	31,120.08	46,619.11	46,619.11
补贴收入	0.00							
现金流出	119,963.90				5,573.66	4,498.87	4,427.83	4,460.67
运营维护成本	75,543.43				5,573.66	4,498.87	4,427.83	4,460.67
大修费用	0.00							
增值税及附加税	21,196.97				0.00	0.00	0.00	0.00
所得税	22,223.50				0.00	0.00	0.00	0.00
投资活动现金流量	–500,024.06	–211,117.09	–139,922.72	–149,984.25	0.00	0.00	0.00	0.00
现金流入	0.00	0.00						
现金流出	500,024.06	211,117.09	139,922.72	149,984.25				
建设投资	500,024.06	211,117.09	139,922.72	149,984.25				
维持运营投资	0.00							
流动资金	0.00							
筹资活动现金流量	231,118.69	211,117.09	139,922.72	149,984.25	–17,700.00	–16,640.00	–24,480.00	–23,332.00
现金流入	500,024.06	211,117.09	139,922.72	149,984.25				
项目资本金投入	300,024.06	126,617.09	84,422.72	89,984.25				
建设投资借款	200,000.00	85,500.00	55,500.00	60,000.00				
流动资金借款	0.00							

续表

年份 名称	合计（万元）	2020	2021	2022	2023	2024	2025	2026
短期借款	0.00							
现金流出	268,805.37	0.00	0.00	0.00	17,700.00	16,640.00	24,480.00	23,332.00
各种利息支出	49,980.00				7,700.00	6,640.00	6,680.00	5,532.00
偿还债务本金	200,000.00				10,000.00	10,000.00	18,800.00	18,800.00
应付利润	18,825.37				0.00	0.00	0.00	0.00
净现金流量	302,215.77	0.00	0.00	0.00	8,846.42	10,081.21	17,711.28	17,726.44
累计现金流量		0.00	0.00	0.00	8,846.42	19,927.64	36,638.92	54,465.36

年份 名称	2027	2028	2029	2030	2031	2032	2033	2034
经营活动现金流量	41,121.62	48,823.42	47,745.15	66,601.57	50,045.99	53,339.71	62,252.93	62,273.38
现金流入	46,619.11	53,366.98	53,366.98	71,134.64	71,134.64	71,134.64	82,224.83	82,224.83
营业收入	46,619.11	53,366.98	53,366.98	71,134.64	71,134.64	71,134.64	82,224.83	82,224.83
补贴收入								
现金流出	4,497.49	4,443.56	5,521.83	5,533.07	21,188.65	18,894.93	20,071.90	20,051.45
运营维护成本	4,497.49	4,438.41	4,483.56	5,533.07	20,097.84	5,545.67	5,509.04	5,577.32
大修费用								
增值税及附加	0.00	0.00	0.00	0.00	890.81	6,660.02	7,728.84	7,717.30
所得税	0.00	105.15	338.27	0.00	0.00	6,689.23	7,734.02	7,756.83

续表

名称 \ 年份	2027	2028	2029	2030	2031	2032	2033	2034
投资活动现金流量	0.00	0.00	0.00	0.00	0.00	0.00	0.00	0.00
现金流入								
现金流出								
建设投资								
维持运营投资								
流动资金								
筹资活动现金流量	−23,384.00	−22,236.00	−21,188.00	−21,140.00	−20,092.00	−19,944.00	−19,996.00	−37,773.37
现金流入								
项目资本金投入								
建设投资借款								
流动资金借款								
短期借款								
现金流出	23,384.00	22,236.00	21,188.00	21,140.00	20,092.00	19,944.00	19,996.00	37,773.37
各种利息支出	5,584.00	4,436.00	3,388.00	3,340.00	2,292.00	1,144.00	1,196.00	648.00
偿还债务本金	18,800.00	18,800.00	18,800.00	18,800.00	18,800.00	18,800.00	18,800.00	18,800.00
应付利润	0.00	0.00	0.00	0.00	0.00	0.00	0.00	18,825.37
净现金流量	18,837.62	25,587.42	26,657.15	45,561.57	29,953.99	33,395.71	43,356.93	24,400.02
累计现金流量	72,202.99	98,890.41	124,447.55	170,009.12	200,063.11	234,458.82	277,715.75	302,215.77

表 5–10 是财务计划现金流量表（9.0）。财务计划现金流量表反映项目计算期内各年的投资、融资及经营活动所产生的现金流入和流出，用于计算累计盈余资金，分析项目的财务生存能力。表中主要项目包括：经营活动净现金流量、投资活动净现金流量、筹资活动净现金流量、净现金流量、累计盈余资金现金流量。

此表的另一个重要作用是通过计算累计现金流量，为最大能力还款法还本提供可靠的数据。

表 5–11 是自平衡测算表（10.0）。此表按照要求，计算出了本息保障倍数 = 平均偿债覆盖率 = 平均偿债备付率 =2.15>1.2 说明每年还本付息后还有结余，项目的偿债能力较强，还本付息有保障。

表 5–12 是资产负债表（11.0）。资产负债表为会计上相当重要的财务报表，最重要功用在于表现企业的经营状况。资产负债表是反映企业在某一特定日期（如月末、季末、年末）全部资产、负债和所有者权益情况的会计报表，是企业经营活动的静态体现，根据“资产 = 负债 + 所有者权益”这一恒等式，来检测前面所有报表的正确性、完整性。

表 5–13 是单因素敏感性分析表（13.0）。前面报表对财务生存能力、偿债能力及盈利能力做了分析，实践中会存在许多不确定性的影响因素，有主观因素和客观因素两种。主观因素信息的不完全性和信息的不对称性，导致项目团队不能及时作出决策或作出错误的决策；人的理性有限，不可能准确无误的预测未来。客观因素有市场供求变化、经济环境的变化、新技术和新方法的出现、社会政策和法律等方面的变化等。具体到本项目，影响因素有咨询人员水平、信息的不完全、成本的变动、营业收入的变动、发债利率的变动、铁路专线及民航的替代，等等。

目前申报的实施方案大多数项目都是算到现金流量表，后面的资产负债表及不确定性分析几乎没有，审核单位无法核对，得出的数据简单粗暴。随着发债的日益成熟，财政部对项目的申报管理日趋严格，对项目的测算要求水平肯定会不断提高，对报表的不完整性也会提出要求。

表 5-11　自平衡测算表（10.0）

（单位：万元）

序号	名称 \ 年份	2020	2021	2022	2023	2024	2025	2026	2027
一	现金流入								
1.1	资本金流入	126,617.09	84,422.72	89,984.25					
1.2	债券资金流入	85,500.00	55,500.00	60,000.00					
1.3	其他融资资金流入								
1.4	项目专门收入流入				31,120.08	31,120.08	46,619.11	46,619.11	46,619.11
	现金流入总额	211,117.09	139,922.72	149,984.25	31,120.08	31,120.08	46,619.11	46,619.11	46,619.11
二	现金流出								
2.1	建设期支出	208,857.09	134,482.72	142,284.25					
2.2	项目经营成本				5,573.66	4,498.87	4,427.83	4,460.67	4,497.49
2.3	项目增值税				0.00	0.00	0.00	0.00	0.00
2.4	项目所得税				0.00	0.00	0.00	0.00	0.00
2.5	其他还本付息								
2.6	债券还本付息	3,360.00	5,540.00	7,700.00	17,700.00	16,640.00	24,480.00	23,332.00	23,384.00
2.7	现金流出总额	211,117.09	139,922.72	149,984.25	22,273.66	21,138.87	28,807.83	28,892.67	27,781.49
三	现金净流量								
3.1	当年现金净流入	0.00	0.00	0.00	8,846.42	10,081.21	17,711.28	17,726.44	18,837.62
3.2	期末累计现金结存额	0.00	0.00	0.00	8,846.42	19,927.64	36,638.92	54,465.36	72,202.99
四	平均偿债覆盖率								2.15

续表

	名称 \ 年份	2028	2029	2030	2031	2032	2033	2034	合计
1.1	现金流入								
1.2	资本金流入								300,024.06
1.3	债券资金流入								200,000.00
1.4	其他融资资金流入								0.00
	项目专门收入流入	53,266.98	53,266.98	71,934.64	71,934.64	71,934.64	82,724.83	82,724.83	689,785.03
二	现金流入总额	53,266.98	53,266.98	71,934.64	71,934.64	71,934.64	82,724.83	82,724.83	1,189,809.09
2.1	现金流出								0.00
2.2	建设期支出								484,724.06
2.3	项目经营成本	4,838.41	4,983.56	5,133.07	20,497.84	5,445.67	5,609.04	5,777.32	75,843.43
2.4	项目增值税	0.00	0.00	0.00	0.00	6,068.53	7,128.84	7,117.30	20,314.67
2.5	项目所得税	114.45	356.87	0.00	0.00	6,760.39	7,452.62	7,575.44	22,259.77
2.6	其他还本付息								0.00
2.7	债券还本付息	22,536.00	21,888.00	21,240.00	20,592.00	19,944.00	19,296.00	18,648.00	264,980.00
三	现金流出总额	27,488.86	27,228.43	26,373.07	41,089.84	38,218.59	39,486.51	39,118.06	868,121.93
3.1	现金净流量								0.00
3.2	当年现金净流入	25,778.12	26,038.54	45,561.57	30,844.80	33,716.04	43,238.33	43,606.78	321,687.16
1.4	期末累计现金结存额	98,681.10	124,719.65	170,281.21	201,126.01	234,842.06	278,080.38	321,687.16	321,687.16
四	平均偿债覆盖率								2..15

表 5-12　资产负债表（11.0）

（单位：万元）

序号	年份 名称	2020	2021	2022	2023	2024	2025	2026
一	资产	211,117.09	350,039.81	500,024.06	467,726.92	436,693.13	411,175.50	387,781.33
1	流动资产	23,365.06	28,879.66	33,358.51	39,941.83	47,788.50	61,151.34	76,637.63
1..1.1	货币资金（财）	0.00	0.00	0.00	8,846.42	19,927.64	36,638.92	54,465.36
1.1.2	应收账款 x							
1.1.3	预付账款（建）	11,102.86	5,551.43	0.00	0.00	0.00		
1.1.4	存货 x							
1.1.5	其他（留抵税额）	12,262.20	22,228.24	33,358.51	31,195.40	28,860.86	25,512.42	21,172.27
1.2	在建工程（建）	187,752.03	322,260.15	466,665.55	0.00			
1.2.1	固定资产 x							
1.2.2	无形及其他资产净值							
1.3	无形资产入账				427,785.09	388,804.63	349,924.17	311,143.70
	摊销（总）				38,880.46	38,880.46	38,880.46	38,880.46
二	负债及所有者权益	211,117.09	350,039.81	500,024.06	467,726.92	436,693.13	411,175.50	387,781.33
2.1	流动负债总额							
2.1.1	短期借款 x							
2.1.2	应付账款（建）							

续表

序号	名称 \ 年份	2020	2021	2022	2023	2024	2025	2026
2.1.3	递延收益							
2.1.4	其他 x							
2.2	建设投资借款（期末）（还本）	85,500.00	140,000.00	200,000.00	190,000.00	180,000.00	162,200.00	144,400.00
2.3	流动资金借款 x							
2.4	负债小计	85,500.00	140,000.00	200,000.00	190,000.00	180,000.00	162,200.00	144,400.00
2.5	所有者权益							
2.5.1	资本金（融）	126,617.09	210,039.81	300,024.06	300,024.06	300,024.06	300,024.06	300,024.06
2.5.2	盈余公积（损）					0.00	0.00	0.00
2.5.3	累计盈余公积					0.00	0.00	0.00
2.5.4	期末未分配利润或亏损				−22,297.14	−43,330.93	−50,048.55	−56,642.73
	所有者权益小计	126,617.09	210,039.81	300,024.06	277,726.92	256,693.13	249,975.50	243,381.33
三	平衡	0.00	0.00	0.00	0.00	0.00	0.00	0.00
四	资产负债率	0.40	0.40	0.40	0.41	0.41	0.39	0.37

续表

序号	名称＼年度	2027	2028	2029	2030	2031	2032	2033
一	资产	363,306.87	346,108.01	329,178.62	330,240.21	317,850.58	312,602.98	316,960.84
1	流动资产	91,143.63	112,825.23	134,776.31	174,718.36	201,209.19	234,842.06	278,080.38
1.1.1	货币资金（财）	72,902.99	98,681.10	124,719.65	170,281.21	201,126.01	234,842.06	278,080.38
1.1.2	应收账款 x							
1.1.3	预付账款（建）							
1.1.4	存货 x							
1.1.5	其他（留抵税额）	18,240.64	14,144.13	10,056.66	4,437.15	83.18	0.00	0.00
1.2	在建工程（建）							
1.2.1	固定资产 x							
1.2.2	无形及其他资产净值							
1.3	无形资产入账	272,163.24	233,282.78	194,402.31	155,521.85	116,641.39	77,760.93	38,880.46
	摊销（总）	38,880.46	38,880.46	38,880.46	38,880.46	38,880.46	38,880.46	38,880.46
二	负债及所有者权益	363,306.87	346,108.01	329,178.62	330,240.21	317,850.58	312,602.98	316,960.84
2.1	流动负债总额							
2.1.1	短期借款 x							
2.1.2	应付账款（建）							
2.1.3	递延收益							

续表

序号	名称　　年度	2027	2028	2029	2030	2031	2032	2033
2.1.4	其他 x							
2.2	建设投资借款（期末）（还本）	126,000.00	108,000.00	90,000.00	72,000.00	54,000.00	36,000.00	18,000.00
2.3	流动资金借款 x							
2.4	负债小计	126,000.00	108,000.00	90,000.00	72,000.00	54,000.00	36,000.00	18,000.00
2.5	所有者权益							
2.5.1	资本金（融）	300,024.06	300,024.06	300,024.06	300,024.06	300,024.06	300,024.06	300,024.06
2.5.2	盈余公积（损）	0.00	0.00	0.00	0.00	0.00	0.00	0.00
2.5.3	累计盈余公积	0.00	0.00	0.00	0.00	0.00	0.00	0.00
2.5.4	期末未分配利润或亏损	−62,717.19	−61,916.05	−60,845.44	−41,783.84	−36,173.48	−23,421.08	−1,063.21
	所有者权益小计	237,306.87	238,108.01	239,178.62	258,240.21	263,850.58	276,602.98	298,960.84
三	平衡	0.00	0.00	0.00	0.00	0.00	0.00	0.00
四	资产负债率	0.35	0.31	0.27	0.22	0.17	0.12	0.06

表 5-13　单因素敏感性分析（13.0）　　（单位：万元）

单因素变动压力测试									
资金覆盖率－压力测试	-20%	-15%	-10%	-5%	0%	5%	10%	15%	20%
成本变动敏感性分析									
债券本金覆盖率	2.91	2.90	2.88	2.87	2.86	2.84	2.83	2.82	2.80
本券本息覆盖率	2.20	2.19	2.18	2.17	2.16	2.15	2.14	2.13	2.12
收入变动敏感性分析									
债券本金覆盖率	2.30	2.45	2.60	2.74	2.86	2.97	3.09	3.21	3.32
本券本息覆盖率	1.74	1.85	1.96	2.07	2.16	2.24	2.33	2.42	2.51
利率变动敏感性分析									
债券本金覆盖率	2.86	2.86	2.87	2.87	2.86	2.88	2.88	2.89	2.89
本券本息覆盖率	2.16	2.13	2.10	2.07	2.16	2.02	1.99	1.97	1.94

本文选取了重点影响因素成本、收入及利率作为单因素分析，确定其在一定取值范围内对其他结果的变动水平，通过测算可知，影响因素大小排序为：收入 > 成本 > 利率。

虽然测算表里做了单因素敏感性分析，事实上某个不确定因素单方面固定而其他变量因素保持不变是不存在的，因此单因素敏感性分析有其局限性，项目分析结果要会同其他指标、参数来综合考虑决策。不确定性分析一般有盈亏平衡分析、敏感性分析和概率分析。敏感性分析除了单因素敏感性分析还有双因素、多因素敏感性分析，普通的 EXCEL 报表不足以支持做成报表（也有用 vab 编程用模拟分析的，鉴于一般读者不具备编程的能力，此处不深入讨论。），需要其他软件比如 Oracle Crystal Ball、Python、SPSS 等数据分析软件，这里就不详细介绍了，有兴趣的读者可以自己深入了解下。

（二）实例分析

一般来说，对一个项目作出决策，需要按照《建设项目经济评价方法与参数》（2006 版）、《市政公用设施建设项目经济评价方法与参数》（2008 版）的现金流量法基本模型来测算验证项目的财务生存能力、偿债能力以及盈利能力。

经济效果评价是对技术方案的财务可行性和经济合理性进行分析论证。盈利能力其主要分析指标包括方案财务内部收益率和财务净现值、资本金财务内部收益率、静态投资回收期、总投资收益率和资本金净利润率等。偿债能力其主要指标包括利息备付率、偿债备付率和资产负债率等。财务生存能力分析也称资金平衡分析，是根据拟定的技术方案的财务计划现金流量表，通过考察拟定技术方案计算期内各年的投资、融资和经营活动所产生的各项资金流入和流出，计算净现金流量和累计盈余资金，分析技术方案是否有足够的净现金流量维持正常运营，以实现财务可持续性。而财务可持续性应首先体现在有足够的经营净现金流量，这是财务可持续的基本条件。各年累积盈余资金不应出现负值，这是财务生存的必要条件。

本项目测算表由可研报表（0）、投资表（1.0）、融资表（2.0）、还本付息表（3.0）、运营收入（4.0）、运营成本（5.0）、税收表（6.0）、总成本费用表（7.0）、所得税（8.0）、财务计划现金流量表（9.0）、债券自平衡测算表（10.0）、测算检测平衡表（11.0）、敏感性分析表（12）等组成。在投资表（1.0）里，详细区分了建设投资进度节点、含税及不含税的情形，明确了工程建设其他费用中支付节点以及含税及不含税的情形；在财务计划现金流量表（9.0）里测算出累计净现金流量，提出最大能力还款的数额，还本付息表（3.0）在运营期还本数额提供依据；通过债券自平衡测算表（10.0）测算出偿债备份率，换算成本息备付率以及本金备付率；测算检测平衡表（11.0）实质上是资产负债表，用来检测前面报表的正确性以及资产负债率；最后敏感性分析表（12）用来做了不确定性分析中的敏感性的简单分析，得出重要影响因素的排序，供决策参考。

上述系列报表实质性内容与《建设项目经济评价方法与参数》（2006版）、《市政公用设施建设项目经济评价方法与参数》（2008版）并无不同，只是实践中并没有固定一成不变的模板。简单地说，融资渠道是多元化的，资本金来源就有专项债及社会化融资，债务资金也可能由专项债、社会化融资多种方式组合，其中因渠道来源不同，融资成本也不相同。下面举例说明。

某项目总体债务还本付息情况如下表所示，

表 5–14　总体债务还本付息测算表　　（单位：万元）

项目	金额
专项债券本金总额	207,000.00
专项债券利息总额	298,080.00
专项债券本息总额	505,080.00
市场化融资本金总额	11,160,000.00
市场化融资利息总额	1,025,817.16
市场化融资本息总额	2,141,817.16
总债务本金	1,323,000.00
总债务利息	1,323,897.16
总债务本息	2,646,897.16

那对这种多渠道来源的资金怎么测算偿债指标呢？都需要计算哪些指标？实践中，需要计算的指标有五个。假设项目总投资是 1,604,152.46 万元，可偿债收益是 4,019,564.13 万元，项目可偿专项债收益是 652,422.11 万元。

（1）总投资收益率＝项目可偿债收益/总投资 =4,019,564.13/1,604,152.46 =250.57%

（2）总债务本息保障倍数＝项目可偿债收益/总债务融资本息 =4,019,564.13/2,646,897.16=1.52

（3）总债务本金保障倍数＝项目可偿债收益/总债务融资本金 =4,019,564.13/1,323,000.00=3.04

（4）专项债券本息保障倍数＝项目可偿专项债收益/专项债券 本息 =652,422.11/505,080.00=1.29

（5）专项债券本金保障倍数＝项目可偿专项债收益/专项债券 本金

=652,422.11/207,000.00=3.15

经测算，本项目债务保障倍数均大于 1，项目预期收入能够合理保障偿还融资本金和利息，能实现项目收益和融资自求平衡，因此，本项目有较好的偿债能力。

还需要说明的是，偿债能力分析中的利息备付率的含义和计算公式与财政部企业绩效评价的“已获利息倍数”指标相同，并且利息备付率应分年计算，分别计算在计算期（或运营期）内各年的利息备付率。考虑到前期还款压力较大导致前期的利息备付率数值偏低，在实践中，一般采用计算的还款期内的利息备付率的平均值来作为参考数据。当然只计算出平均利息备付率大于 1，也只是说明利息的支付保障程度高，偿债风险较小，单一的利息备付率指标并不能说明项目的资金对本金的偿还保障程度，实际在申报的实施方案中，多地已经要求计算偿债备付率了。结合各地的实际情况，一般要求利息备付率最低不低于 1，偿债备份率不低于 1.2。

实践中，常常有人问我，编制自平衡专项债实施方案，到底要不要编制资产负债表，回答是肯定的。项目的利润表、现金流量表、资产负债表是财务报表的三大核心报表，三张报表里面谁最重要？资产负债表距今有近 500 的历史，发迹于意大利的帕乔利的复式记账簿；利润表在 1920 年以后才被美国及欧洲一些国家要求一定要披露的一个报表；现金流量表则是 1987 年才开始有的。所以现在编制的实施方案从三大核心报表的构成来看，缺少资产负债表的财务测算表表面上看至少是不完整的，也无从复核资产和所有者权益及负债的等式关系，更看不出资产负债率的高低以及项目的潜力等。

PART

06

第六章 PPP与专项债的融合

由于政府专项债券和PPP政策的出台有时间先后顺序，各自都单独有具体的文件做为规范管理，在顶层设计上并没有考虑两种模式的制度的兼容性，两者结合使用的架构搭建存在一定的政策壁垒和技术壁垒。包括结合使用项目的筛选储备问题、债券审核和发行与PPP模式推进的衔接问题、债券期限和PPP模式合作期限的错配问题、债券偿还来源和PPP模式回报来源切分问题、债务属性问题以及PPP项目中风险分配不公的问题，政策和技术层面需要进行调整和创新，促使政府专项债券和PPP模式有机结合，相互融合，发挥1+1>2的效力，破解当前PPP的融资难、融资成本高的困境。

（一）PPP融资困境

截至2019年末，管理库项目累计9,440个，同比增加786个、增长9.1%；累计投资额14.4万亿元，同比增加1.2万亿元、增长9.1%，覆盖31个省份及新疆兵团和19个行业领域；落地项目累计6,330个、投资额9.9万亿元，落地率67.1%，比2018年末上升12.9个百分点；开工项目累计3,708个、投资额5.6万亿元，开工率58.6%，比2018年末上升10.9个百分点；管理库准备、采购、执行阶段项目数分别为1,409个、1,701个、6,330个，投资额分别为2.0万亿元、2.5万亿元、9.9万亿元。

2019年，PPP市场由过去的重数量和速度向重质量转变。全年新入管理库项目1,434个，同比减少2,640个、下降64.8%，项目投资额2.2万亿元，同比减少3.6万亿元、下降62.1%。虽然入库项目增幅放缓，背后一个不争的事实就是融资难、融资贵。其中市政工程类项目退库177个，为各行业最多，除少数因不合规转为其他模式推进外，融资不到位的项目被迫退库的占大多数。

本人 2019 年作为某市财政局 PPP 特聘顾问，协调处理了一个投资 11 亿元的水环境综合治理项目，社会资本方在资本金没有足额到位、融资没有到位前提下，因地方政府环保督察压力要求开工，结果施工三月后，融资还是没有跟上，项目被迫停工，目前合同已经解约，双方正在处理后续结算事宜。解约的时候，我就在想，能不能用专项债做一部分资本金同时调整政府方投资比例，先让项目干下去，最起码防止烂尾工程，保障服务持续供给，然而令人无奈的是专项债仍有余额但国家政策不支持，最后只能解约。

由于政府专项债券和 PPP 模式在制度设计时尚未考虑两者的兼容性，目前两者结合使用的架构搭建存在一定的政策壁垒和技术壁垒。包括结合使用项目的筛选储备问题、债券审核和发行与 PPP 模式推进的衔接问题、债券期限和 PPP 模式合作期限的错配问题、债券偿还来源和 PPP 模式回报来源切分问题、债务属性问题等。政策和技术层面需要进行调整和创新，促使政府专项债券和 PPP 模式有机结合，激励相容，发挥合力。

（二）专项债发力

近几年，面对逐渐加大的经济下行压力，专项债逐渐成为地方政府债务的马前炮。尤其是 2018 年 8 月份以来，专项债发行明显提速，2018 年 1 月 –7 月专项债仅新增 1608 亿元，到 10 月底已新增 13306 亿元。进入 2019 年，专项债新增仍保持高位增长，年初下达的专项债余额限额超过 10 万亿元（达 10.77 万亿）。2019 年新增专项债共发行 21487 亿，非常接近当年的新增专项债限额 2.15 万亿元。这 21487 亿元新增专项债中，土地储备专项债券占比 32%，棚改专项债券 33%。和基建相关的收费公路专项债券占比 7%、轨道交通专项债券占比 1%。2020 年提前批次的发行，各地都要求在 10 月底申报发行完毕。

《关于做好地方政府专项债券发行及项目配套融资工作的通知》（厅字〔2019〕33 号）提出，精准聚焦重点领域和重大项目。鼓励地方政府和金融机构依法合规使用专项债券和其他市场化融资方式，重点支持京津冀协同发展、长江经济带发展、“一带一路”建设、粤港澳大湾区建设、长三角区域一体化发展、推进海南全面深化改革开放等重大战略和乡村振兴战略，以及推进棚户区改造等保障性安居工程、易地扶贫搬迁后续扶持、自然灾害防治体系建设、铁路、收费公路、机场、水利工程、生态环保、医疗健康、水电气热等公用事业、城镇基础设施、农业农村基础设施等领域以及其他纳入“十三五”规划符合条件的重大项目建设。

国办的《通知》政策好比一针强心剂，让 PPP 融资看到了一丝希望。相比以前的政策开了一个口子，通知直接将专项债分成两部分，一部分去做融资，一部分做资本金。但实际操作还面临不少的问题急需解决，有待配套的实施细则出台指导，比如经营性收入哪里来？政府是否可以补贴？补贴是否算隐形债务？先还银行的本息还是先还专项债的本息？政府能否直接借给项目公司资金？ PPP 的融资责任在社会资本方，如果政府用专项债帮社会资本融资，那融资风险就会转嫁到政府身上，是否导致融资风险分配的不合理？

在专项债快速扩张之际，一些市场人士也表达了担忧。在各地走访了解到，相较 PPP 项目，专项债的审核条件比较宽松而且资金到位快，地方政府更愿意发专项债，从而可能对 PPP 项目形成挤出效应。。

据接近国家发改委投资司人士表示，专项债券与 PPP 相结合在理论上是可行的，但实践中却未必会被选用。比如专项债券与 PPP 的结合要有专项收入，而绝大部分 PPP 项目没有对应的专项收入，即使有专项收入还要调入财政预算管理，这会让代表社会资本利益的项目公司无法理解和接受。

（三）政策依据

《国务院关于固定资产投资项目试行资本金制度的通知》（国发［1996］35 号）（下称资本金制度 35 号文）规定：“对各种经营性投资项

目，包括国有单位的基本建设、技术改造、房地产开发项目和集体投资项目，试行资本金制度，投资项目必须首先落实资本金才能进行建设。投资项目资本金，是指在投资项目总投资中，由投资者认缴的出资额，对投资项目来说是非债务性资金。”

财政部于 2017 年 11 月 10 日发布《关于规范政府和社会资本合作（PPP）综合信息平台项目库管理的通知》（财办金［2017］92 号）（下称财政部 92 号文），要求对全国 PPP 综合信息平台项目库进行规范管理。此文明确规定，“债务性资金充当资本金”项目“不符合规范运作要求”，应予以清退。从文意来看，其禁止的仅仅是项目公司的债务性资金，而非社会资本方或政府出资方的债务性资金。由此可知，财政部 92 号文与现有政策实现逻辑统一，是对资本金制度 35 号文规定内容的维持和再强调。

《政府和社会资本合作（PPP）项目专项债券发行指引》的通知（发改办财金〔2017〕730 号），发行 PPP 项目专项债券募集的资金，可用于 PPP 项目建设、运营，或偿还已直接用于项目建设的银行贷款。其中，以项目收益债券形式发行 PPP 项目专项债券，原则上应符合我委印发的《项目收益债券管理暂行办法》的要求。PPP 项目应能够产生持续稳定的收入和现金流，项目收益优先用于偿还债券本息。来源于政府付费和财政补贴的项目收益应按规定纳入中期财政规划和年度财政预算。虽然国家发改委 2017 年就提出了发行 PPP 专项债券，但一直没有配套的操作明细，对核心问题没有解释清楚，实践中缺乏可操作性。

《关于规范金融企业对地方政府和国有企业投融资行为有关问题的通知》财金〔2018〕23 号文规定，除购买地方政府债券外，不得直接或通过地方国有企事业单位等间接渠道为地方政府及其部门提供任何形式的融资，不得违规新增地方政府融资平台公司贷款。不得要求地方政府违法违规提供担保或承担偿债责任。不得提供债务性资金作为地方建设项目、政府投资基金或政府和社会资本合作（PPP）项目资本金。特别强调了应按照“穿透原则”加强资本金审查，确保融资主体的资本金来源合法合规，融资项目满足规定的资本金比例要求。却提出要求向上穿透审查债务性资金的问题，实际上否定了社会资本方或政府出资方以其债务性资金充当项目资金的行为，一定程度上突破了国发〔1996〕35 号文的规定。

《关于做好地方政府专项债券发行及项目配套融资工作的通知》（厅字〔2019〕33 号）规定："允许将专项债券作为符合条件的重大项目资本金。对于专项债券支持、符合中央重大决策部署、具有较大示范带动效应的重大项目，主要是国家重点支持的铁路、国家高速公路和支持推进国家重大战略的地方高速公路、供电、供气项目，在评估项目收益偿还专项债券本息后专项收入具备融资条件的，允许将部分专项债券作为一定比例的项目资本金，但不得超越项目收益实际水平过度融资。"

2019 年 9 月 4 日李克强总理主持召开的国务院常务工作会议上提出要扩大专项债的使用范围，"重点用于铁路、轨道交通、城市停车场等交通基础设施，城乡电网、天然气管网和储气设施等能源项目，农林水利、城镇污水垃圾处理等生态环保项目，职业教育和托幼、医疗、养老等民生服务，冷链物流设施，水电气热等市政和产业园区基础设施"，并"将专项债可用作项目资本金范围明确为符合上述重点投向的重大基础设施领域。以省为单位，专项债资金用于项目资本金的规模占该省份专项债规模的比例可为 20% 左右"。

2019 年 11 月 27 日最新颁布的《国务院关于加强固定资产投资项目资本金管理的通知》（国发〔2019〕26 号）明确了"项目资本金必须是非债务性资金，项目法人不承担利息。明确鼓励项目法人和项目投资方通过发行权益型、股权类金融工具，多渠道规范筹措投资项目资本金。从而社会资本方通过资管计划、银行贷款、信托贷款、ABS 筹集的资金也可以作为项目资本金"，仅指项目主体的资本金不得为债务性资金，而项目股东的资金并未限制。这明确了资本金不得为债务性资金禁令的边界，即所谓债务性资金是对"投资项目"而言的，并不需要层层穿透核查。

从 35 号文的定义、92 号文的规范操作到 23 号文的强硬管理、33 号文缓和、26号文鼓励，可以看出，国家政策在不断地变化来适应经济的发展，可以说，26号文为过去“项目资本金也不得为投资人的债务性资金”的有关争议画上了句号，也印证了33号文“地方政府专项债券可以用于项目资本金”的合法性。

2019年11月，山东省财政厅、山东省发改委、央行济南分行、山东银保监局、山东地方金融监督管理局等五部门联合下发《关于做好政府专项债发行及项目配套融资工作的实施意见》（鲁财债〔2019〕50号），首次提出“用好专项债券作为重大项目资本金政策，探索试行“PPP+专项债券”融资模式”，聚焦中央、省、市确定的交通运输、水利、乡村振兴、生态环保、棚户区改造、市政设施等重点领域重大项目建设。金融机构应采用项目贷款、提供信用类债券融资等方式，积极支持符合条件的专项债券项目组合融资，并优先支持必要在建项目后续融资。探索试行“PPP+专项债券”融资模式，吸引更多社会资本投入我市重点领域和重大项目建设。

（四）融合途径

1. 进入途径

前面介绍了专项债及PPP政策，下面就专项债做资本金进入的途径做简单的分析：

一是政府直接投资项目，常见的有EPC项目。专项债收入进入政府性基金后，政府以直接投资的方式投入项目，通过项目实现的收益再回到政府性基金或经营性专项收入，实现专项债还本付息。由于投资方式为政府直接投资，因此这类项目通常是政府直接投资的项目（政府自建自营项目），即没有其他经济主体参股，常见的如EPC项目。

二是政府参股投资项目。比如典型例子就是PPP、特许经营项目，这类项目一般政府不主导，只参股或者零参股。具体操作是指政府方（一般有城投企业、融资平台公司，地方国有企业）以股东借款（政府控股或参股）或委托贷款（政府不参股）的方式借给项目公司或项目实施主体（不成立项目公司的情况），项目公司或项目实施主体用项目收益归还市场化融资本息后，将剩余收益归还政府方股东借款或委托贷款，政府方将收到的还款本息计入项目对应的政府性基金收入或专项收入，用以归还专项债本息。

三是用作项目的项目资本金。33号文规定："允许将专项债券作为符合条件的重大项目资本金。对于专项债券支持、符合中央重大决策部署、具有较大示范带动效应的重大项目，主要是国家重点支持的铁路、国家高速公路和支持推进国家重大战略的地方高速公路、供电、供气项目，在评估项目收益偿还专项债券本息后专项收入具备融资条件的，允许将部分专项债券作为一定比例的项目资本金，但不得超越项目收益实际水平过度融资。"

基于上面的政策文件，对成立项目公司后资金的用途做了分析总结。

表6-1　专项债资金用途对应表

专项债资金用途	政府直接投资项目	政府参股项目	政府控股项目	PPP、特许经营
项目资本金	√	√	√	X
债务性资金	X	√	√	√
政府直投资金	√	X	X	X

来自财政部官网的信息显示，2019年的专项债发行中共有9个项目将专项债用作资本金，共计68亿元。对比2019年7–9月7600亿新增专项债的发行规模，专项债作资本金的规模占比仅为0.89%，占比并不大。

2. 融合途径

专项债与PPP在政府投资与企业投资、政府债务与企业债务、政府性基金预算与一般公共预算之间的矛盾，是二者之间融合困难的根本原因。这让地方政府无所适从，一方面政府完全投资项目可以使用专项债，但也增加了财政压力；一方面PPP、特许经营能降低财政支出压力，但不能使用专项债，又变相增加了财政负债。面对这些困难，归根到底，是目前专项债与PPP融合的合法合规路径未得到明确，大多数地方目前都不让参与

PPP 类项目参加申报，说明主管部门相对谨慎，因此，探讨专项债与 PPP 融合的合规路径十分必要。

（1）支持范围

专项债要求收益能够覆盖本息，从各省份发行情况看，最低也要求本息覆盖倍数到达 1.0 才能算是自求平衡。但现实情况是，多数项目 PPP 既需要专项债作资本金，也需要市场化融资。在此背景下，很多项目的经营收益无法实现市场化融资与专项债的同时自平衡。

PPP 回报机制有三种：使用者付费、可行性缺口补助及政府付费。三种回报机制中政府财政支出压力逐级递增，能够实现自平衡的 PPP 项目有使用者付费项目；可行性缺口补助资金较少的项目，也可视为能够自平衡的项目；补助资金较多的及政府付费项目，则通常无法自平衡。截至 2019 年末，累计使用者付费类项目 629 个、投资额 1.4 万亿元，分别占管理库的 6.7% 和 9.6%；累计可行性缺口补助类项目 5,418 个、投资额 9.7 万亿元，分别占管理库的 57.4% 和 67.1%；累计政府付费类项目 3,393 个、投资额 3.3 万亿元，分别占管理库的 35.9% 和 23.2%。

通过分析，完全不具备市场化现金流的政府付费类项目根本不符合专项债的“经营性收益”属性，所以说专项债不会投入，若严格限定专项债还债资金只能来源于项目经营性收益，能够发行专项债的项目十分有限，那么只能投向完全使用者付费的及可行性缺口补助非常少的 PPP 项目，而该类项目在管理库中占比非常少，大约占比 9.6%。显而易见，通过发行专项债来支持大水漫灌 PPP 项目基本上是不可能的。

（2）融合方式

结合有关专项债资金用途的分析，下面从两个方面论证专项债与 PPP 的融合方式：

一是做项目资本金。对政府参股项目，政府方将专项债资金以项目资本金（可全部为注册资本金，也可为注册资本 + 资本公积）注入项目公司，成为项目公司的股东，其中政府方股权比例不超过 50%。在市场化融资本息存续期间，政府方以股东地位获得分红或转让股权，红利、转让价款应税后进入政府性基金或专项收入，归还专项债本息；在市场化融资本息清偿后，全体股东同意减资的，可以减资方式退出。减资退出资金用以归还专项债本息。

二是做项目债务资金。对于政府参股的 PPP 项目可同时作项目资本金和债务性资金，即股债联动；对于政府不参股，但实际上负有可行性缺口补助的 PPP 项目，专项债资金只能以债务性资金方式支持；政府不参股，但提供投资补助或贷款贴息的项目，专项债可以债务性资金方式支持。

2019 年 9 月 6 日，财政部副部长许宏才在“加快发行使用地方政府专项债券新闻发布会”上表示，为更多吸引社会资金投入，更好发挥专项债券资金促进投资的作用，将专项债券可用作项目资本金的范围由现有四个领域项目扩大为十个领域项目。这十个领域包括铁路、收费公路、干线机场、内河航电枢纽和港口、城市停车场、天然气管网和储气设施、城乡电网、水利、城镇污水垃圾处理、供水。根据国常会安排，以省为单位，专项债资金用于项目资本金的规模占该省专项债规模的比例可为 20%左右。

根据我们的初步计算，2020 年 1 月上旬已发行的地方政府专项债数据显示，新发专项债用于资本金的比例为 3.8%，相较于 2019 年 7 月 - 9 月相比有所提升，但远低于 20%，且投资的领域相较于允许的领域依然有限，集中于铁路与高速公路项目，其余领域暂少有涉及。目前已发行成功案例有：呼和浩特新机场；集大高铁；山东济宁五个高铁配套项目。

虽然本书做了一些可行的论证分析，但就全国专项债发行支持 PPP 项目来说，目前还鲜有案例，因现行专项债相关文件，并没有清晰说明专项债的具体用途（支持项目的具体方式或途径）造成操作上的困难，一些核心的问题还有待政策法规的进一步细化，比如支出范围是否限定为经营性收益、PPP 项目一般不分红现在要分红用于偿还本息会不会造成无人响应、归还顺序是先市场化本息还是专项债本息、专项债资金时间和市场化不一致造成的错配等都有待在实践中解决。

（五）案例

中办、国办印发《关于做好地方政府专项债券发行及项目配套融资工作的通知》通知首度明确，专项债可作重大项目资本金，金融机构可提供配套融资。由于配套融资主要是贷款，市场称之为“债（专项债）贷（贷款）组合”。

1. 呼和浩特新机场项目

日前，内蒙古自治区在中国债券信息网上挂出“2019 年内蒙古自治区政府专项债券（10–17 期）”相关文件。文件显示，该批债券中呼和浩特新机场项目和集大高铁项目将发行专项债作为资本金，且都运用“债贷组合”的新模式。

项目实施方案披露，呼和浩特新机场项目总投资 238.49 亿，目前已完成前期准备工作，计划 2019 年开工建设，于 2023 年底竣工投产使用，其中机场工程投资 210.5 亿。

该项目业主为呼和浩特机场建设管理投资有限责任公司，由呼和浩特国资委全资持股。

方案披露，机场工程项目的资金筹措分为财政资金、债券资金、融资资金三部分，国家发改委在今年 1 月批复该工程时要求项目资本金比例达到 50%，且内蒙古自治区和呼和浩特政府按照 1:1 的比例安排财政资金作为资本金。

1）财政资金为 100.24 亿（作为资本金），其中国家安排中央预算内资金 7.6 亿、民航发展基金 22.3 亿。其余资本金由内蒙古自治区出资 37.67 亿，呼和浩特市出资 32.67 亿。

2）本次发行专项债 5 亿（期限 10 年）充当项目建设资本金。

3）剩余 105.24 亿通过银行贷款解决。其中，利用新开发银行贷款 6 亿美元（约合人民币 42 亿元），国开行内蒙古分行和农发行内蒙古分行承诺提供中长期贷款支持。

在呼和浩特新机场项目中，5 亿专项债作为资本金，约占资本金的 4.7%。这一项目中，相关方还使用了债（专项债）+ 贷（组）组合的模式，即专项债 5 亿，贷款 105.24 亿。

实施方案称，呼和浩特新机场工程项目收入来源为客桥费、旅客服务费、安检费、航站楼场地设施租用费、地面服务费和其他收入及呼和浩特市白塔机场资产处置收入等。

根据项目预期收益和融资平衡分析结果，本期专项债券本息资金覆盖率可达 7.6 倍。评级公司将本期债券信用等级评为 AAA。

2. 集大高铁 PPP 项目

集大高铁专项债拟发行金额为 11.4 亿，期限 15 年，主要投向新建集宁至大同至原平铁路（内蒙古段）。项目单位为内蒙古交通投资（集团）有限责任公司，由内蒙古国资委全资持股。

项目实施方案显示，该项目拟建铁路作为“八纵八横”高速铁路通道之一的呼南通道重要组成部分，已列入《中长期铁路规划网》。据估算，该项目归属于内蒙古段总投资约 113.31 亿，其中总投资的 70% 使用项目资本金，30% 使用银行贷款。具体来看：

1）专项债融资 50 亿作资本金（后续陆续发行剩余部分）；

2）自筹资金 28.31 亿作资本金；

3）银行贷款 33 亿。

在这一筹资方案中，专项债 + 自筹资金合计 78.31 亿，占到总投资的七成。而专项债占资本金的 63%。

本项目同样运用了“债贷组合”的方式。东部某省财政厅债务处人士表示，“债贷组合”中，政府对项目单位的市场化融资不承担任何的偿债和担保责任的。采用债贷组合方式的项目，其偿还专项债券本息后应仍有剩余专项收入，且预期收益能够覆盖专项债券及市场化融资本息。

根据项目可行性报告，该项目投入运营后的项目收入主要包括经营性收入（客运收入、其他收入、沿线土地开发收益）和运营补贴收入。

项目测算方案称，该项目在运营期内预期可实现的可支配收入总额约257.79亿，其中经营性收入157.9亿、补贴收入100亿。上述实现的可支配收入全部纳入地方政府专项收入核算管理，以用于发行专项债的本息偿付。在扣除运营成本费用后（含贷款本息），剩余收益对专项债本息的覆盖倍数为1.33倍。评级公司亦将该债券信用等级评为AAA。

铁路项目特点：铁路项目通常分为征拆和建设部分，投资建设由中国铁路总公司旗下的各铁路局集团作为项目业主，征拆资金由地方政府筹集，因此该项目通过发行地方债的形式筹集地方所需的征拆资金。征拆资金又需体现在项目业主身上，作为铁路项目的资本金出现，因此该项目征拆或许通过铁路建设项目业主定向支付给征拆所在地政府，这样既解决铁路项目建设所需地方政府出资的资本金，又定向用于征拆。

（六）小结

财政部金融司司长王毅6月末在中国财经报社、财政部政府债务研究与评估专项工作办公室联合主办的“中债智汇高端沙龙”上表示，专项债券作为重大项目资本金的“符合条件”有严格规范：

一，主要是国家重点支持的铁路、国家高速公路和支持推进国家重大战略的地方高速公路、供电、供气项目；

二，必须经过收益评估，证明能够偿还才能作资本金，即项目本身必须要有收益；

三，资本金必须落实到项目实体，不得搞成资金池，不能放大资本金。

四，只能作项目的部分资本金，而不是全部。

目前来说，PPP和专项债的结合正处于探索阶段，当前发行的专项债仅限用于项目的资本金，还鲜有项目融资发行的案例，期待后续政策的调整以及制度上的突破，缓解重大建设项目的融资困境，为经济可持续发展增添动力。

PART 07

第七章　全寿命周期绩效管理

（一）绩效管理的必要性

工程建设项目全寿命周期（Whole Life Cycle），是指项目从设计、融资、建造、运营、维护至终止移交的完整周期。工程建设项目全生命周期管理是维护政府经济活动安全、防范和化解重大风险的重要途径；对确保建设项目健康、科学、高质量发展具有十分重要的意义。

具体到专项债项目的全寿命周期，则是指从项目专项债计划发行那天算起，经项目设计、融资（项目策划、编写实施方案、法律意见书、会计所意见书、发行）、建设、运营到专项债券存续期末期的寿命周期。借鉴PPP项目全生命周期管理的成熟理论，专项债项目全寿命周期绩效管理也应当依照法律法规和政策制度依法持续实施，坚持信息及时披露，全面准确，给投资者以信心。

从财政部征求PPP项目绩效管理意见至今，正式的文件还没有下发，PPP已经高速发展4年了，可见对绩效管理的方式方法还存在争议。具体到专项债券项目，涉及高速路、产业园区、土地储备、棚户区改造、教育、医疗卫生、生态保护、能源等，对这么多的行业按一个绩效考核标准来操作，显然是不可能的，没有操作性。

其实从管理的角度出发，财政部出台统一制定核心指标体系，各省份可根据实际情况制定指标体系，这样有利于统计、汇总、比较以及评价；国家按照专项债券发行不同品种制定不同指标，有利于进行更有针对性的设计。

（二）绩效管理的要求

一是建立绩效评估机制。财政部门要结合预算评审、项目审批等，对新出台重大政策、项目开展事前绩效评估，重点论证立项必要性、投入经济性、绩效目标合理性、实施方案可行性、筹资合规性等，评估结果作为申请预算的必备要件。其中投资主管部门要加强对基本建设投资项目的论证评估，重点评估是否符合行业专项规划，资金来源是否有保障，是否科学确定项目投资总额、实施进度和分年投资额等；项目所在地财政部门要加强新增重大政策和项目预算审核，必要时可以组织第三方机构独立开展绩效评估，审核和评估结果作为预算安排的重要参考依据。

二是强化绩效目标管理。绩效目标不仅要包括产出、成本，还要包括经济效益、社会效益、生态效益、可持续影响和服务对象满意度等绩效指标。项目所在地财政部门要将绩效目标设置作为预算安排的前置条件，加强绩效目标审核，将绩效目标与预算同步批复下达。

三是加强绩效运行监控。各级政府和各部门（单位）对绩效目标实现程度和预算执行进度实行“双监控”，发现问题及时纠正，确保绩效目标如期保质保量实现。项目所在地财政部门建立重大政策、项目绩效跟踪机制，对存在严重问题的政策、项目暂缓或停止预算拨款，督促整改落实，严格执行预算管理办法，按照预算绩效管理要求，加强国库资金监管，确保资金安全有效。

四是深入开展绩效评价。完善绩效自评和外部评价相结合的多层次绩效评价体系，落实部门和单位绩效评价主体责任，财政部门加快建立完善重大政策、项目预算绩效评价机制，深入开展项目整体绩效评价，必要时可以引入第三方机构参与绩效评价。

五是强化评价结果应用。加快建立健全绩效评价结果反馈制度和绩效问题整改责任制，将评价结果用于制定政策、完善制度和编制规划，用于改进业务管理、财务管理和资金管理，保障项目的健康有序持续运营。

（三）评价指标设计

四川省《中共四川省委四川省人民政府关于全面实施预算绩效管理的

实施意见》明确规定，各级财政部门要建立健全定量和定性相结合的共性绩效指标框架，牵头组织建立绩效管理专家库、指标库和标准体系。各行业主管部门要在财政部门的统一组织下，加快构建分行业、分领域、分层次的核心绩效指标和标准体系，解决财政与部门间信息不对称的问题，做到纵向可追溯、横向可比对，实现科学合理、细化量化、可比可测、动态调整、共建共享。

结合专项债发行规模以及地方政府有可能违约的道德风险，从风险管理的角度出发，本人就绩效评价的方案设计做一点探讨，提出些建设性建议，供政府财政部门、项目业主、投资机构、业内学者专家参考。

绩效目标不仅要包括产出、成本，还要包括经济效益、社会效益、生态效益、可持续影响和服务对象满意度等绩效指标。绩效评价的指标设计要体现完整性、关键性、合理性以及操作性原则。根据这一原则，地方政府专项债券项目绩效评价指标体系一级指标可分四项，分别为前期工作、过程管理、产出说明、效益分析。具体指标设计如下：

1. 前期投入指标设计。在一级指标投入指标下设立二级指标，包括项目立项、资金落实、收入来源的可靠性。项目立项包括项目立项规范性、绩效目标合理性、绩效指标明确性。资金落实包括资金来源说明、资金到位率和到位及时率。收入来源的可靠性包括实施方案中收入的测算是否合理，有无佐证。

2. 过程管理指标设计。在一级指标过程指标下设立二级指标，包括业务管理指标和财务管理指标。

3. 产出说明项目指标设计。在一级指标产出项目指标下设立二级指标，包括实际完成率指标和质量达标率指标。

4. 效益指标设计。在一级指标效益指标下设立经济效益、社会效益、可持续影响指标以及服务对象满意度指标。

表 7–1　绩效管理初步指标设计

序号	考核项目	考核内容	细项	分值	评分标准	打分
1	前期工作	项目立项	可研批复、用地预审、环评、土地规划、施工许可等			
		资本金落实	政府方			
			金融机构			
			专项债			
		融资落实	政府方			
			金融机构			
			专项债			
		项目领域	政策鼓励			
		方案专家评审	社会效益			
			预期收入佐证			
			自平衡			
			风险管理措施			
2	过程管理	业务管理	进度管理			
			质量管理			
			造价控制			
		财务管理	专款专户			
			付息情况			
			省级垫付			
3	产出说明	完成率	实际完成率			
			未完成率			
		质量达标率	合格率			
			不合格			
4	效益分析	经济效益	自平衡			
			上级垫付			
		社会效益	GDP 贡献			
			增加就业机会			
		可持续	财务生存能力			
			偿债保障能力			
		满意度	实施机构满意度			
			利益相关者满意度			

绩效指标和标准体系要与基本公共服务标准、支出标准等衔接匹配，突出结果导向，重点考核实绩。创新评估评价方法，立足多维视角和多元数据，依托大数据分析技术，运用成本效益分析法、比较法、因素分析法、公众评判法、标杆管理法等，建立多元绩效评估评价体系，提高绩效结果的客观性和准确性。

当然，对项目的绩效管理绝对不是这么简单的指标设计就能满足管理需要的，在实践中还需要进一步摸索和不断地完善总结。

（四）相关建议

本文主要讨论的是自平衡专项债，从偿债能力分析，不是某一年的本息覆盖倍数能满足要求，而是每一年的本息覆盖倍数都要满足要求。目前发行的地铁、收费公路、高速公路、铁路等项目，债券存续期已达到30年之久，按目前的测算方法，几乎不可能有效的预测30年这么大跨度的影响参数。所有说，自平衡测算应该是年度测评，是一个动态不断调整变化的过程，而不是申报的一个方案管到底的办法。

如何在债券存续期内进行持续性的风险管控，除了财务审计、信用跟踪评级之外，还应积极引入第三方咨询机构，站在监管机构、政府方和债券购买者（投资者）的角度，对该项目的建设期限、建设成本、营业收入、运营成本、财务费用、相关税费等数据进行分析，与以前年度的实际数据进行同向对比，与实施方案的预期数据进行对比，评估本项目能否真正实现“收益与融资自求平衡”。此外，随着时间的推移，项目所面临的风险因素也在不断发生变化，包括收入、成本和税费的波动，一般维护修理、大修和设备更新改造支出的发生、利率和通货膨胀等宏观因素的变化，都会对自平衡专项债的“收益与融资自求平衡”带来新的挑战。

变化是无处不在的，在自平衡专项债存续期内的管理过程中加入风险因素，持续进行压力测试（包括单因素及多变量的敏感性分析、景况分析等），以便及时跟踪、更新项目最新的状况，及时发出预警提示，采取主动预防风险应对措施，保障项目的可持续性运营，达到项目的建设目的。

根据国家的相关政策，结合以往的案例申报及审核情况，对事前、事中、事后的全流程管理，我们给出了几点建议，供政府部门及读者参考：

1. 项目库管理。建议按照 PPP 项目库的管理办法建立地方政府债券项目库，对地方政府债券按照不同分类，一律实行项目库管理，省一级财政负责实施方案的审核、发行及融资后资金专款专用的监督管理，对实施过程中的重大影响事件地方政府要求限时说明及时披露等；

2. 规范优先。对于可研报告科学、立项批复决策快、投入产出指标明晰、过程管理规范、效果指标量化，以及社会经济效益明显的项目，优先予以入库和批复债券规模。

3. 专家论证。总结历史发行项目，分领域、分行业、分层级建立省级政府债券项目库，专项债券发行 10 年期以上的项目实施方案必须经过专家论证，对自平衡中的关键收入要严格审核，防范数据作假，任意夸大，降低地方政府随意包装项目套用资金的冲动，防范因地方政府基础工作不到位导致项目质量参差不齐。

4. 做好信息披露。地方政府专项债券项目绩效管理市场化价值的实现离不开专项债券项目存续期管理，而存续期管理的重点是信息披露。依法披露全部信息，信息披露必须标准化，评级机构独立而严格，积极引入第三方评估机构，开展项目绩效管理，确保项目可持续运行。

5. 建立有效的绩效评估。积分制的前提是事前事中事后的信息管理，通过构建大数据评估体系，一方面对于同区域、同类型项目可互相比对、互相借鉴，提升绩效评估的效率；另一方面，通过大数据评估结果反向优化、提升项目准入的评估标准，从事前、事中和事后三个环节提出相关建议。通过穿透式全流程项目绩效评估手段，将会提升地方政府债券流动性，使得地方政府债券发行和交易价格体现出市场化和差异化，调动商业银行投资地方政府债券的积极性，使专项债券持有范围不断扩大，增加专项债券金融属性，慢慢向国债、政策性金融债的流动性看齐。

6. 运用大数据、人工智能及时预警。实时不间断的收集宏观经济变量、地方政府负债变化、债务债券对应项目的财务数据，项目发生的重大影响事件、按半年、季度甚至月度进行巡检，发出预警信号、提出优化建议，实现全寿命周期的持续风险管控与不断改进。

后 记

最近三年受益于PPP项目的遍地开花，我参加了多个项目实施方案的编制工作，作为评审专家，也评审过大量的实施方案。从2017年PPP的高歌猛进到2019年的快速冷却市场放缓，给了我思考的机会。PPP项目操作程序繁琐，时间周期长，合同谈判困难，地方政府慢慢偏向发专项债来走EPC模式投资建设，与此同时财政部也不断地放宽政策，鼓励地方政府在限额内积极发债，稳定投资，刺激经济。在PPP项目萎缩之时，我有幸做了大量的专项债实施方案的编制及审核工作，实施方案的核心是自平衡测算，专项债自平衡项目的财务测算虽不及PPP实施方案的财务测算那么复杂，但是核心测算报表都是一样的，都需要对计算期内的现金流入流出做出准确的预测，作为评审专家，见过太多的专项债平衡方案，也否决过很多方案，有时候为方案中的一个数据和编制单位进行多次沟通，以确保数据的来源可靠真实有效。

为满足读者需要，我从2019年夏天开始筹划写这本书，希望将近几年来在PPP、专项债券策划与测算方面的理论研究及项目实践进行提炼、总结，数据及案例均来自真实项目，由于篇幅有限，实例测算只编写了一个，事实上项目的资本金来源多种，债务资金也是多渠道融资，专项债的存续期限和社会化融资期限并不一定匹配，相应的融资成本利率也高低不同，种种组合起来的项目限制条件，极大地增加了测算的难度。由于工作繁忙，书中难免会有不足之处，望此书可为业界相关人员提供参考。

如读者有任何需要交流或深入探讨的，请发邮箱584322283@qq.com，来信必复，欢迎批评指正。